rororo

rororo

Zu diesem Buch

Intelligenz zählt und zahlt sich aus, nicht nur in Millionenshows. Zusammen mit Kreativität ist Intelligenz eine der Voraussetzungen für Erfolg im Leben, sie stärkt unser Selbstbewusstsein.

Victor Serebriakoff, lange Jahre Ehrenpräsident der MENSA, des Clubs der Topintelligenzen, hat Tests ausgearbeitet, die nicht nur die einzelnen Dimensionen von Intelligenz messen, sondern auch Aufschluss über Kreativität und Persönlichkeitsmerkmale geben. Mit ihnen lernen wir auf angenehm spielerische Art unsere Potenziale kennen – und damit uns selbst.

Der Autor

Victor Serebriakoff (1912–2000), mit einem Intelligenzquotienten von 161 Punkten gesegnet, war einer der Gründer von MENSA. Er vertrat über 50 Jahre lang die Sache der Intelligenz in Vorträgen, Artikeln und Büchern.

Victor Serebriakoff

INTELLIGENZ ZÄHLT! Der Test für IQ und Kreativität

Deutsch von Claudia Preuschoft

Rowohlt Taschenbuch Verlag

Die Originalausgabe erschien unter dem Titel
«How Intelligent Are You? The Universal IQ Tests»
im Verlag Robinson Publishing Ltd London

Redaktion Wolfgang Müller, Brigitte Nölleke

Deutsche Erstausgabe
Veröffentlicht im Rowohlt Taschenbuch Verlag
GmbH, Reinbek bei Hamburg, Mai 2002

Published by arrangement with
Constable & Robinson Ltd London
Umschlaggestaltung Britta Lembke
Satz Sabon und Akzidenz Grotesk PostScript (PageMaker)
bei Pinkuin Satz und Datentechnik, Berlin
Druck und Bindung Clausen & Bosse, Leck
Printed in Germany
ISBN 3 499 61416 2

Die Schreibweise entspricht den Regeln
der neuen Rechtschreibung.

INHALT

Vorwort
Die Beurteilung von Intelligenz **9**

Erkenne dich selbst
Sind diese Tests unmoralisch? **11**
Warum wir es wissen wollen **12**

Kurze Geschichte der Intelligenztests
Intelligenz **15**
Eine weitere Definition von Intelligenz **18**
Das Testen allgemeiner und spezieller Fähigkeiten **20**
Sind Intelligenztests zuverlässig? **21**
Die Regression zum Mittelwert **22**
Kulturabhängigkeit **23**
Die Verteilung der Intelligenz **25**
Die Obergrenze **27**

Geschwindigkeit
Der Tester auf dem Prüfstand **29**
Testweisheiten **30**

Die Tests in diesem Buch
Zeitmessung **32**
Spicken **33**

Sprachtest
Übung **36**
Auflösungen zur Übung **40**
Sprachtest A **41**
Sprachtest B **45**

Zahlentest
Übung 50
Auflösungen zur Übung 58
Zahlentest A 60
Zahlentest B 70

Figurentest
Übung 82
Auflösungen zur Übung 89
Figurentest A 90
Figurentest B 102

Auflösungen
Sprachtest A 116
Sprachtest B 117
Zahlentest A 118
Zahlentest B 120
Figurentest A 122
Figurentest B 123

Kreativität
Anweisungen für den Kreativitätstest 126
Kreativität (Fünf-Minuten-Test) 127

Zwei Persönlichkeitstests
Persönlichkeitsfaktor 1 128
Persönlichkeitsfaktor 2 130

Auswertung der Testergebnisse
Anweisungen für die Auswertung des Kreativitätstests 134
Schlüssel zu den Persönlichkeitsfaktoren 1 und 2 136
Persönlichkeitsfaktor 1 (Extraversion und Introversion) 138
Persönlichkeitsfaktor 2 (Emotionale Stabilität) 140
Nachwort zu Kreativität und Persönlichkeitsfaktoren 141

Normierung der Testergebnisse **144**
Lästige Vergleiche: Die Interpretation Ihrer Ergebnisse **147**
So können Sie Ihren IQ aus Ihrer Punktzahl ermitteln **149**
Ihre Kreativität: Ergebnisse des
Fünf-Minuten-Kreativitätstests **150**
Ergebnisse des Tests zu Persönlichkeitsfaktor 1
(Introversion/Extraversion) **151**
Ergebnisse des Tests zu Persönlichkeitsfaktor 2
(Emotionale Stabilität) **152**

Die Beurteilung von Intelligenz

Intelligenztests sind nicht vollkommen. Noch immer messen sie nur ein *Potenzial*, und das bei denen, die kulturell benachteiligt sind oder aus anderen Kulturen stammen als der, in der der Test standardisiert wurde, auch noch ungenau. Dennoch sind sie *weniger* unfair als andere Verfahren. Sie bieten nur einen groben Anhaltspunkt, aber viele wissenschaftliche Versuche haben belegt, dass sie besser und unvoreingenommener sind als menschliches Urteilsvermögen ohne Hilfsmittel. Sie sind genauer als bloßes Raten, effizienter als Versuch und Irrtum, und sie werden laufend verbessert. Intelligenztests wurden erfunden als Instrument sozialer Gerechtigkeit, als Weg, um zu dem zentralen Vermögen einer Person Zugang zu erlangen, auch wenn es ihr an Bildung mangelt.

Dieses Buch soll Spaß machen und informieren. Ich behaupte nicht, dass die hier vorgelegten Tests Ihnen *genau* Auskunft darüber geben, wer und was Sie sind. Sie bieten ein gutes Beispiel für das, was Ihnen begegnen wird, wenn Ihnen je ernsthaft der Sinn danach steht, sich selbst zu erkennen.

ERKENNE DICH SELBST

«Erkenne dich selbst», sagt der Weise – und das ist vielleicht der schwierigste Rat überhaupt. Die Psychologie, die Disziplin der Selbsterforschung der Menschen, wird in der anglophonen Welt als exakte Wissenschaft anerkannt; in der frankophonen Welt hingegen wird sie immer noch der Philosophie als Zweig zugeordnet. Wissenschaftstheoretiker stimmen überein, dass ein Thema, soll es den Status einer wissenschaftlichen Disziplin erwerben, aus den verschwommenen philosophischen Wolken auf die Erde herabsteigen muss, wo es um Struktur, Exaktheit und Zahlen geht.

Wenn es einen Zweig der Psychologie gibt, der so exakt ist, dass er den Status von Wissenschaftlichkeit beanspruchen kann, dann ist das die Psychometrie, die Wissenschaft von der Messung psychischer Merkmale.

Die Pionierarbeiten von Galton, Terman, Burt, Spearman, Binet, Guilford und Cattell werden seit einem halben Jahrhundert bestätigt und weiterentwickelt. Es gibt nur wenige ernsthafte Vertreter des Fachs, die den praktischen Wert der Messverfahren für geistige Fähigkeiten, die als Intelligenztest bekannt sind, bestreiten würden, so viele Auseinandersetzungen über ihre theoretischen Grundlagen es auch geben mag.

Die Großindustrie macht zunehmend Gebrauch von diesen Verfahren, der Erziehungswissenschaftler ist schlicht und ergreifend hilflos ohne sie, Psychiater brauchen sie, um ihre Patienten richtig verstehen zu können, und der Glaube an die Testverfahren und die Nachfrage danach in der allgemeinen Öffentlichkeit wächst beständig.

Dies ist ein Buch für Laien, geschrieben von einem Laien für Laien. Es wurde geschrieben, um Interesse am Thema zu wecken, um Menschen eine unbelastete Gelegenheit zu geben, mit Vergnügen ihre Intelligenz und Persönlichkeitsmerkmale an Tests zu überprüfen, die ganz ähnlich aufgebaut sind wie die wissenschaftlichen Tests und die deren Arbeitsweise demonstrieren.

Die Fragen und Probleme, die hier gestellt werden, wurden von einem Experten für die Entwicklung von Intelligenztests erarbeitet. Sie wurden keiner wissenschaftlichen Überprüfung oder den strengen statistischen Verfahren unterzogen, die erforderlich wären, um ihre Validität als gültiges Messinstrument festzustellen. Wenn Sie diese Tests machen, messen Sie sozusagen Ihre Körpergröße mit einem Lineal, das nur 30 Zentimeter lang ist: als Ergebnis erhalten Sie einen groben Anhaltspunkt; der ist aber besser als gar nichts. Wenn Sie nach dem Test die Resultate anzweifeln oder mehr erfahren möchten, dann können Sie sich – für mehr Geld – unter der Aufsicht eines Psychologen einem regulären Intelligenztest unterziehen, der Ihnen eine genauere Antwort geben wird.

Sind diese Tests unmoralisch?

Manche Menschen können ihre Gleichheitsideale nicht mit Intelligenztests vereinbaren. Die bloße Vorstellung, menschliches Talent und menschlichen Charakter zu bewerten, ist ein Tabuthema – es ist unmoralisch, illegal und macht dick. Insbesondere Menschen mit sozialistischen Idealen gilt das Messen von Talent als ideologisch nicht hinnehmbar. Und hierzulande ist die Unschuld und Vervollkommnungsfähigkeit des unverdorbenen Menschen eine fast schon religiöse Doktrin. Marxisten sind sich mit Freud einig in der Vorstellung, dass alle wichtigen menschlichen Unterschiede nach der Geburt durch Umwelteinflüsse zustande kommen. Alle Menschen haben die gleichen *Rechte*, deshalb sollten alle *Menschen* gleich sein.

Man nehme ein neugeborenes Kind, sagen sie, und bei der richtigen Behandlung machen wir ein Genie aus ihm. Dabei ist ausdrücklich die Rede von einem *Menschen*-Kind. Nie wird nach einem Affen, einem Hund oder Wurm gefragt, also denken sie vielleicht doch, dass es *irgendetwas* Angeborenes gibt. Aber selbst unter dieser Voraussetzung wurden allen Ernstes Versuche unternommen, diese Doktrin praktisch umzusetzen, indem man Schimpansenjunge gemeinsam mit Menschenkindern aufzog. Als man herausfand, dass der Affe (nachdem er eine Weile die Nase vorn hatte) in der geistigen Entwicklung zurückfiel, musste daraus geschlossen werden, dass es einen gewissen angeborenen Unterschied gibt. Die Marxisten und die liberalen Vertreter einer Gleichheits- und Umwelttheorie verwechseln offenbar das Vererben materieller Güter mit dem biologischen Erbe.

Ich möchte den sehr gewagten Verdacht äußern, dass dann, wenn die Natur und nicht die Umweltbedingungen für den Unterschied zwischen Menschen und Affen verantwortlich ist, sie wohl wenigstens zum Teil auch für den Unterschied zwischen einem Idioten und einem Genie verantwortlich sein mag, wenngleich ich nicht bestreiten will, dass das volle menschliche Potenzial oft nicht im ganzen Umfang erkannt wird.

Vernünftig scheint mir die Ansicht, dass die Natur eine Obergrenze setzt und die Umwelt entscheidet, wie nah wir dieser Obergrenze kommen.

Aber auch unter der Voraussetzung der unbestreitbaren Tatsache, dass menschliche Wesen in ihren Leistungen (wenn auch nicht in ihren Potenzialen) nicht alle gleich sind, stehen wir immer noch vor der Frage: «Wollen wir es wirklich wissen?» Lassen Sie mich meine Argumente darlegen.

Warum wir es wissen wollen

In einer primitiven Ackerbauerngesellschaft, in der jeder sich mit einfachen Werkzeugen abmüht, um zu überleben, mag die Fähigkeit, komplizierte Probleme zu lösen, von geringem Vorteil sein. Aber in Europa und den entwickelten Ländern haben wir uns zu einer anderen Lebensform entschlossen. Das tagtägliche Funktionieren der ungeheuer komplexen und miteinander verbundenen kommerziellen und industriellen Systeme, von deren Produkten und Diensten, die wir jeden Tag zu brauchen meinen, wir auf tausenderlei Weise abhängen, ist darauf angewiesen, dass eine sehr große Zahl von Menschen sich am rechten Platz befindet. Der Fortbestand unserer Zivilisation hängt davon ab, Funktionsträger zu finden, deren Eigenschaften möglichst nahtlos in das enorme Spektrum hochgradig spezialisierter Rollen hineinpassen. Buchtitel wie «Herztransplantationen zum Selbermachen», «Der Do-it-yourself-Führer für Hirnchirurgie», «Wie werde ich mein eigener Industrie-Manager» und «Der Amateur-Logistiker» klingen alle gleichermaßen unpassend. Unsere komplexe Gesellschaft funktioniert, weil wir herausgefunden haben, dass man den richtigen Mann oder die richtige Frau an den richtigen Arbeitsplatz stellen muss. Die Tatsache, dass uns das so gut gelingt, ist ein Zeichen dafür, dass irgendwo irgendjemand, sichtbar oder unsichtbar, Urteile über das fällt, was ein Mensch kann oder nicht kann, wie seine Persönlichkeit aussieht und wie klug er ist.

Das beginnt bereits in der Schule. Wir sortieren und wählen aus (und werden das auch weiterhin tun). Auch wenn Leistungsgruppen teilweise abgeschafft wurden, auch wenn mit Vorliebe unterschiedlich Begabte in einer Klasse gemischt werden und trotz des satirischen Slogans «Rang und Position werden verliehen ohne Rücksicht auf Rasse, Glauben, Klasse – oder Fähigkeit», wird es uns immer wieder gelingen, Menschen nach ihren Fähigkeiten und Möglichkeiten einzuordnen und sie so vernünftig einzusetzen, dass sie ihre Rolle möglichst mühelos erfüllen können. Ich darf hier wohl ruhig prognostizieren, dass alle Versuche, die Klassifizierung von Menschen nach ihren Fähigkeiten abzuschaffen, zu nichts führen werden. Immer wenn wir eine derartige «Diskriminierung» zur Tür hinauswerfen, wird sie sich durch das Fenster wieder zurückschleichen.

Gegenwärtig «diskriminieren» wir, indem wir uns bei Prüfungen, Examina und Zulassungsverfahren auf das Urteil von Menschen verlassen – was eine Menge sinnloses «Pauken» und erziehungsneutrales «Training» bedeutet. Mit höher entwickelten Tests jedoch werden uns wissenschaftliche Verfahren zur Verfügung stehen, die einfacher, leichter anzuwenden, schneller und effizienter sein werden, die fair sind, objektiv, frei von Nepotismus, Religion oder rassistischen Vorurteilen, gesellschaftlichem Einfluss und dem Netzwerk der «alten Herren». Diese Tests ersparen uns Zeit, Geld, Ungerechtigkeit, Unglück und Fehler. Und vor allem lassen sie Voraussagen zu.

Allerdings sind auch Intelligenztests nicht vollkommen. Noch immer messen sie nur ein *Potenzial*, und das bei denen, die kulturell benachteiligt sind oder aus anderen Kulturen stammen als der, in der der Test standardisiert wurde, auch noch ungenau. Dennoch, sie sind *weniger* unfair als andere Verfahren. Sie bieten nur einen groben Anhaltspunkt, aber viele wissenschaftliche Versuche haben belegt, dass sie besser und unvoreingenommener sind als menschliches Urteilsvermögen ohne Hilfsmittel. Sie sind genauer als bloßes Raten, effizienter als Versuch und Irrtum, und sie werden laufend verbessert. Intelligenztests wurden erfunden als Instrument sozialer Gerechtigkeit, als Weg, um zu dem zentralen Vermögen einer Person Zugang zu erlangen, auch wenn es ihr an Bildung mangelt. In Frage gestellt werden sie nur von den Gleichmachern, für die «Leistung» ein Schimpfwort ist.

Die wissenschaftliche Praxis lieferte umfangreiches Beweismaterial, das die allgemeine Gültigkeit von Intelligenztests belegte, und nur sehr wenige Ergebnisse, die ihrer Validität widersprechen (obwohl von Seiten der Gleichmacher, über die ich später mehr sagen werde, viel Wind darum gemacht wird).

Dieses Buch soll Spaß machen und informieren. Ich behaupte nicht, dass die hier vorgelegten Tests Ihnen *genau* Auskunft darüber geben, wer und was Sie sind. Sie bieten ein gutes Beispiel für das, was Ihnen begegnen wird, wenn Ihnen je ernsthaft der Sinn danach steht, sich selbst zu erkennen.

KURZE GESCHICHTE DER INTELLIGENZTESTS

Intelligenz

Die erste Eigenschaft des Menschen, die mit Erfolg gemessen wurde, ist zugleich seine wichtigste, die Eigenschaft nämlich, die ihn vom Rest der Tierwelt unterscheidet und die eine biologische Besonderheit der Menschheit darstellt – die Intelligenz.

Was ist Intelligenz? Nur allzu häufig wird die Attacke auf die Intelligenz eröffnet mit der so nahe liegenden wie dümmlichen alten Fangfrage: «Wie definieren Sie Intelligenz?» Die Frage basiert auf der euklidischen Auffassung, wonach nichts wirklich ist, was nicht definiert werden kann. H. G. Wells wies darauf hin, dass Sie viel Spaß haben werden und jede Menge Klassifikationen oder Begriffe abschaffen können, wenn Sie Leute auffordern, diese zu definieren. «Geben Sie mir irgendeine beliebige Definition eines Stuhls oder der ‹Stuhlheit›», sagte er, «und ich werde sie mit Hilfe eines guten Zimmermanns widerlegen.»

Ein Pferd, ein schottischer Clan, ein Gesicht, Glück, Schmerz, Intelligenz: wir können sie nicht definieren, also existieren sie nicht – so lautet das Argument.

Aber was meinen wir mit Intelligenz tatsächlich?

Der Lexikograph Samuel Johnson gab dem englischen Wort «intelligence» vier Bedeutungen. Die erste ist der Austausch von Information (wechselseitige Kommunikation, über große Entfernung oder geheim). Die zweite ist der Austausch von Bekanntem (die Bedingungen, unter denen Menschen miteinander leben). Die dritte ist Geist (körperloser Verstand). Die vierte kommt der modernen Bedeutung am nächsten: «Verständnis, Fertigkeit». Das moderne Verständnis im Sinn einer angeborenen Eigenschaft fehlt völlig in Johnsons Sprachgebrauch, in dem nur von erworbenen Kräften die Rede ist.

Bei dem Dichter Edmund Spenser ist eine Andeutung des modernen Verständnisses zu erkennen: «Ansammlungen gewaltiger Wörter, wahllos aufeinander gehäuft, grässlich, scheinen der Dichtung billiges Lob zu zollen; aber indem sie dabei wahre Intelligenz vermissen lassen, entstellen sie das Gesicht guter Poesie.»

Eine berühmte Definition der Intelligenz stammt von dem deutschen Psychologen William Stern: «Intelligenz ist die allgemeine Fähigkeit eines Individuums, sein Denken bewusst auf neue Forderungen einzustellen; sie ist allgemeine geistige Anpassungsfähigkeit an neue Aufgaben und Bedingungen des Lebens.»

Professor Sir Cyril Burt, der Doyen der Psychometrie, der Gründer von MENSA*, behauptet, der moderne Gebrauch des Worts «Intelligenz» beruhe auf der Wissenschaft der Psychometrie, und nicht andersherum.

Der Pionier der modernen Intelligenzmessung, der Franzose Alfred Binet, verwendete die Bezeichnung «habileté», die dem englischen Wort «ability», «Fähigkeit», ziemlich nahe kommt. Der Naturforscher und Psychologe Sir Francis Galton gebrauchte jedoch den Begriff «Intelligenz», und dieser Begriff hat sich im Englischen und Deutschen durchgesetzt als Bezeichnung für die angeborene Fähigkeit, Probleme zu lösen. Galton war eindeutig der Erste, der in seinen genetischen Studien diesen Sprachgebrauch einführte.

Die ältere Bedeutung des Worts im Sinn von «Information» ist auch im Deutschen inzwischen fast völlig verschwunden, und normalerweise wird der Begriff im Sinne Galtons verwendet. Anders gesagt: Die Bedeutung im allgemeinen Sprachgebrauch entstammt der neuen, technischen und nicht der traditionellen Vorstellungswelt. Deshalb lässt sich auch nicht mit guten Gründen beklagen, dass «Intelligenz ist, was Intelligenztests messen». Der Zirkelschluss dieser Definition ist in Wahrheit ein dünner Witz.

Die Definition von Intelligenz in einem operationalen Sinn ist

* MENSA ist ein internationaler Zusammenschluss von Menschen mit einem besonders hohen Intelligenzquotienten.

relativ einfach. Es lässt sich nachweisen, dass die Fähigkeit, bestimmte Aufgaben auszuführen, von einem Menschen zum anderen variiert. Ebenso offensichtlich ist, dass manche Menschen in manchen Dingen gut und andere in anderen gut sind. Weniger allgemein bekannt, aber gleichermaßen wahr ist hingegen, dass es einen Zusammenhang oder vielmehr eine Korrelation (eine messbare Verbindung) zwischen Fertigkeiten und Fähigkeiten gibt. Das heißt, dass sie «ungerecht» oder ungleichmäßig verteilt sind. Entgegen der allgemeinen Annahme gibt es leider kein Gesetz des Ausgleichs, wonach jene, die eine Sache gut können, dafür eine andere weniger gut können und umgekehrt. Im Gegenteil, tendenziell sind diejenigen, die eine Sache gut können, in vielen Dingen gut und diejenigen, die in einer Sache schlecht sind, auch in anderen Dingen schlecht. Damit haben wir *im Durchschnitt* ein Spektrum, an dessen einer Seite das vielseitige Genie steht, das nicht nur Probleme lösen, sondern besser malen und zeichnen und denken und schreiben und sogar laufen und springen kann als die meisten, und auf der anderen Seite der, der geistig unter dem Durchschnitt liegt und auch in den meisten anderen Dingen unterdurchschnittlich abschneidet.

Halt! Ich weiß, was mein teurer Leser an dieser Stelle zu sagen ansetzt. Warten Sie! Ich spreche hier von statistischen Verallgemeinerungen und nicht von unveränderlichen Gesetzen. In den Humanwissenschaften sind wir gezwungen, mit *Annäherungen* zu arbeiten und nicht mit unveränderlichen Relationen. Es ist ein Armutszeugnis, wie häufig ansonsten durchaus gebildete Leute meinen, sie hätten die Behauptung einer statistischen Tendenz widerlegt, wenn sie nur ein Beispiel für das Gegenteil anführen. «*Sie* behaupten», widersprechen sie verächtlich, «Kinder mit guten sprachlichen Fähigkeiten tendierten dazu, auch in Mathematik gut zu sein – aber ich kann beweisen, dass Sie im Unrecht sind. Mein Johnny ist in Englisch immer einer der Besten, aber in Mathematik ist bei ihm Hopfen und Malz verloren. Na bitte!» Es hat gar keinen Zweck, darauf hinzuweisen, dass ein besonderer, ausgewählter Fall keine Stichprobe von großer statistischer Verlässlichkeit darstellt.

Lassen Sie mich betonen, dass dieses Buch in der wirklichen Welt angesiedelt ist, wo Unbestimmbarkeit herrscht. Wir bedienen uns hier der einfachen Strategie der «besten Annahme», mit der Biologen arbeiten, und überlassen damit die unwirkliche, determinierte Welt der invariablen Relationen den Philosophen, Logikern und Mathematikern, die sie erfanden und allen Beweisen für das Gegenteil zum Trotz weiter aufrecht erhalten.

Also lautet die operationale Definition, mit der ich hier arbeite, schlicht: «Intelligenz ist ein Faktor, der von Person zu Person variiert und verbunden ist mit dem allgemeinen Niveau der Fähigkeit, eine große Vielfalt verschiedener Aufgaben zu bewältigen.»

In diesem Sinn *ist* Intelligenz mit hinlänglicher Genauigkeit messbar, und sie ist ein aussagekräftiger Hinweis auf die allgemeine Fähigkeit oder Vielseitigkeit des Probanden. Sie ist nicht einfach das Maß für Ihre Fähigkeit, Intelligenztests zu absolvieren, sondern ein Maß, das eine zuverlässige und grundsätzliche Aussage über Sie zulässt, das Einfluss hat auf alles, was Sie tun, und sich in allem zeigt, was Sie tun. Intelligenz ist keine Tugend. Da sie im Wesentlichen genetisch bedingt ist, gibt es keinen Grund, besonders stolz darauf zu sein. Aber sie ist auch kein Fehler und nichts, dessen man sich schämen müsste.

Eine weitere Definition von Intelligenz

Auf die Gefahr hin, noch mehr Verwirrung zu stiften, möchte ich den vielen allgemeinen Definitionen der Intelligenz noch eine weitere hinzufügen. Ich bevorzuge zwar die einfache operationale Definition, aber für Semantiker und Lexikographen, die immer noch besessen sind von der Idee, menschliche Begriffe könnten in genauen Bedeutungen gefasst und in den Grenzen einer genauen wörtlichen Definition festgehalten werden, füge ich Folgendes hinzu.

Intelligenz ist ein biologisches Phänomen. Sie liegt offensichtlich in jedem Lebewesen oder lebenden System vor, wie primitiv es auch sein mag. Das Universum dehnt sich aus, gliedert sich auf und bewegt sich durch die universell geltende Zunahme der Entropie von Zuständen größerer Ordnung hin zu denen geringerer Ordnung. Aber es gibt in ihm auch eine gewisse Zahl von sich selbst regulierenden homöostatischen Ganzheiten, die der universellen Tendenz von Ordnung zu Unordnung, von Zuständen niedriger zu denen höherer Wahrscheinlichkeit entgegenzustehen scheinen. In dieser Klasse von Entitäten gibt es eine Tendenz, Ordnung herzustellen, Stabilität zu bewahren und Änderungen der Form nicht zuzulassen, niedrige Wahrscheinlichkeit zu erhalten und sie sogar zu senken. Dies ist die Klasse der Lebewesen.

Um den verändernden Kräften im Universum zu widerstehen, müssen diese Entitäten Veränderungen wahrnehmen und ihnen entgegenwirken. Da der Prozess der Gegenwirkung oft Zeit braucht, müssen diese Entitäten auch in der Lage sein, bedrohliche verändernde Kräfte vorherzusagen, und dafür müssen sie mit Sinnesorganen ausgestattet sein und Informationen aus der Welt um sie herum aufnehmen können. Sie müssen diese (in verschlüsselter Form) speichern und entsprechend umsetzen können in Anweisungen an ihre Glieder, Organe und Muskeln, um der Tendenz des Universums Widerstand bieten zu können, ihre Form über das Maß hinaus zu verändern, das sie korrigieren können. Wenn eine Änderung dieses Maß überschreitet, setzt eine unaufhaltsame Veränderung ein, die als Tod (oder Zerfall) bezeichnet wird.

Ich definiere deshalb Intelligenz als das Vermögen einer Entität (sei es ein Lebewesen oder Artefakt), Signale, die ihren Ursprung im Universum haben, wahrzunehmen, zu kodieren, zu speichern, zu ordnen und zu verarbeiten, um sie schließlich in ein optimales Muster von Handlungsanweisungen umzusetzen. Das Wort «optimal» mag hier einige Schwierigkeiten bereiten, denn damit schleicht sich eine «Bewertung» ein. Ich würde «optimal» definieren als das, was am besten geeignet ist, die Beibehaltung der Form einer bestimmten Ganzheit die längste Zeit sicherzustellen. Diese

Definition schließt «evolutionäre» Wandlungen dieser Form ein, das heißt Änderungen, die dazu neigen, die Entität noch besser das Prinzip der homöostatischen Form erhalten zu lassen. Man möchte meinen, dass meine Definition mehr Schwierigkeiten schafft als löst, aber sie ist nun einmal die Voraussetzung, von der ich ausgehe.

Wenn wir diese Definition annehmen, dann muss die Messung der Intelligenz mit einer Reihe von Parametern des beschriebenen Prozesses zu tun haben. Hohe Intelligenz würde mit einem großen Informationsspeicher zusammenhängen, mit der Genauigkeit von Kodierungen, mit der Zugänglichkeit von Information, mit langfristigen Voraussagen, genauen Schätzungen von Wahrscheinlichkeit und der Fähigkeit, neue oder originelle Verhaltenslösungen für Probleme hervorzubringen. Ich gehe darauf weiter ein in dem Teil des Buches, der der Kreativität gewidmet ist.

Das Testen allgemeiner und spezieller Fähigkeiten

Bahnbrechend war die Entdeckung, dass es eine Korrelation von Fähigkeiten gibt. Sie führte zu der Vorstellung, dass ein allgemeiner Faktor existieren muss, der den individuellen Unterschieden zugrunde liegt und zum Erfolg einer Person bei einer Reihe von Fertigkeiten beiträgt. Auf diese Weise konnte Spearman sowohl die individuellen Variationen von Fertigkeiten erklären als auch die Tendenz, dass sich bei manchen Menschen Fähigkeiten «bündeln». Seine «Theorie» ist in Wirklichkeit ein einfacher begrifflicher Rahmen, der uns hilft, unsere Vorstellungen von menschlicher Fähigkeit zu klären. Jede Person kann beurteilt werden im Hinblick auf einen Generalfaktor «g» (allgemeine Fähigkeit) und spezielle Faktoren «s» (besondere Fähigkeiten). Bei jeder einzelnen Fertigkeit macht Ihr Abschneiden in «g» einen Teil und Ihr Ergebnis für «s» den Rest Ihres Punktestandes aus.

Wenn Sie zum Beispiel im Bereich Musik bei «g» einen hohen Punktestand erreichen und bei «s» ebenfalls, dann werden Sie wahrscheinlich ein besserer Musiker sein, als wenn Sie bei «s» gut abschneiden, bei «g» jedoch nicht.

Die einzige Möglichkeit, «g» beurteilen zu können, ist die Verwendung von Testbatterien, also einer Reihe unterschiedlicher Tests, von denen jeder in unterschiedlichem Maß diesen allgemeinen Intelligenzfaktor abbildet. Jeder Testtyp ist auf andere Weise geeignet, zulässige Aussagen über «g», das allgemeine geistige Vermögen von jemandem, zu machen, wobei verbale Fähigkeiten am stärksten mit dem «g»-Faktor korrelieren. Das wird in den meisten Tests deutlich.

Selbstverständlich sollte ein gut konstruierter Intelligenztest nicht den Bildungshintergrund eines Probanden testen. Auch im Sprachteil von Tests sind die Fragen normalerweise so ausgewählt, dass die Wahrscheinlichkeit, dass ein gebildeter Mensch die Antwort kennt, gering ist. Gemessen wird die Fähigkeit des Getesteten, Wörter, die zum Allgemeingut gehören, nach ihren genauen Bedeutungsschattierungen zu unterscheiden, und nicht seine Kenntnis von esoterischen Begriffen wie «esoterisch».

Sind Intelligenztests zuverlässig?

Bezeichnenderweise entstand die Idee, die Verlässlichkeit von Tests zu messen, im Zusammenhang mit Überlegungen zu den Schwierigkeiten von Intelligenztests. In welchem Maß wiederholen sich Testergebnisse? Bei einer Testwiederholung variieren die Ergebnisse, und eine der Methoden, um gute Tests von schlechten Tests zu unterscheiden, besteht darin, die Abweichung festzustellen. Eine Abweichung um durchschnittlich fünf oder sechs Punkte ist nicht ungewöhnlich, und je weiter das Testergebnis über oder unter dem Durchschnitt liegt, desto größer die Wahrscheinlichkeit einer Variation.

Die Regression zum Mittelwert

Die Regression zum Mittelwert ist ein oft nicht verstandenes Phänomen. Bei denjenigen, deren Ergebnisse um den Durchschnitt herum liegen, ist die Wahrscheinlichkeit, bei einer Testwiederholung ein höheres oder niedrigeres Ergebnis zu erzielen, gleich hoch. Wer jedoch eine sehr hohe Punktzahl erreicht, wird der Tendenz nach bei Wiederholung auf eine niedrigere Punktzahl kommen, und wer eine niedrige Punktzahl erzielt, auf eine höhere. Daran ist nichts Geheimnisvolles. Um die praktische Anwendung von Tests zu erleichtern, müssen sie einfach auszufüllen und auszuwerten sein. Sie sollten eine beschränkte Anzahl von Lösungen vorgeben, aus denen der Proband wählen muss. Es gibt also eine geschlossene Anzahl von Lösungsmöglichkeiten. Tests, die so konzipiert sind, können von jedem Angestellten oder sogar von einem Computer ausgewertet werden. Wenn die Anzahl möglicher Lösungen jedoch offen ist, das heißt, wenn viele gültige Antworten gegeben werden können, aber nicht alle aufgelistet sind, kann nur ein geübter Spezialist zwischen richtigen und falschen Lösungen entscheiden; zudem sollte er höhere Intelligenz besitzen als diejenigen, die er dem Test unterzieht. Heute ist es bei einem Test mit einer beschränkten Anzahl von Antworten möglich, dass ein gut trainierter Affe den Test macht und nach dem Zufallsprinzip zu einem akzeptablen Ergebnis kommt. Bei fünf möglichen Antworten würde er im Durchschnitt eine von fünf Fragen richtig beantworten. Deshalb ist jedes Testergebnis ebenso Glückssache wie eine Frage der Intelligenz. Die Tests sind so konstruiert, dass das Element Glück eine möglichst kleine Rolle spielt, aber es ist vorhanden. Die Wahrscheinlichkeit, mit Glück eine hohe Punktzahl zu erreichen, ist sehr gering, aber wenn man genug Leute testet, wie wir es tun, dann ist immer jemand dabei, der einen Treffer in der Lotterie landet. Unter denen, die eine hohe Punktzahl erreichen, wird es eine bestimmte Anzahl von Personen geben, die sowohl Glück hatten als auch die entsprechenden Fähigkeiten aufwiesen. Je höher die Punktzahl, desto größer die Chance, dass

Glück zum Ergebnis beigetragen hat. Und ebenso gilt: Je niedriger das Ergebnis ausfällt, desto größer ist die Wahrscheinlichkeit, dass Pech seinen Anteil daran hat. Bei einem erneuten Test wird die Häufigkeit, mit der sich Glück oder Pech wiederholen (bei einer entsprechend großen Stichprobe), gering sein. Daher ist es wahrscheinlich, dass die erreichte Punktzahl wieder zum Durchschnitt tendiert.

Kulturabhängigkeit

In welchem Maß sind Intelligenztests allen gegenüber gleich fair? Das Messen von Intelligenz ist ein schlussfolgerndes Verfahren. Wir kennen keine Möglichkeit, die Kommunikationspfade des Gehirns zu untersuchen und ihr Potenzial zu bewerten, Informationen zu verarbeiten und sie in Handeln umzusetzen. Wir sind darauf angewiesen, unsere Schlüsse auf Verhalten zu stützen, und müssen das Gehirn wie eine «black box» betrachten, über deren Eigenschaften wir nur durch Rückschlüsse etwas erfahren können.

Die ganze Sache wird noch dadurch erschwert, dass jedes Individuum vom Moment seiner Geburt an seine eigenen Erfahrungen macht. Da das Gehirn nach unserer Kenntnis das effizienteste Instrument der Wahrnehmung und der Konditionierung durch äußere Einflüsse ist, wird das, was es in einem bestimmten Moment *ist*, sehr stark von dem beeinflusst, was bis zu diesem Moment mit ihm *geschehen* ist.

Um die angeborenen (die genetisch festgelegten) Eigenschaften zu erreichen, müssen wir durch drei Schichten dringen. Vom äußerlichen Verhalten können wir Rückschlüsse ziehen auf die innere geistige Leistungsfähigkeit, die von einer Kombination aus inneren Eigenschaften und Erfahrungen in der äußeren Umwelt bestimmt wird. Von der zweiten Schicht – dem geistigen Vermögen – müssen wir die dritte und tiefste Schicht erschließen: das inhärente oder angeborene Potenzial. Professor Raymond Cattell macht einen scharfen Unterschied zwischen dem, was er «flüssige», und dem, was er «kristallisierte» Begabung nennt. «Flüssige» Begabung entspricht der angeborenen Kapazität, sie ist das Potenzial, die Obergrenze, über die nicht hinausgegangen werden kann. «Kristallisierte» Begabung entspricht den messbaren Fähigkeiten, Probleme zu lösen, dem Vermögen, mit Informationen umzugehen und sich angemessen zu verhalten – oder in einem Intelligenztest die richtigen Lösungen anzukreuzen.

Die meisten Psychologen glauben, ein Intelligenztest sei nur in einer bestimmten Kultur gültig. Wo immer eine große Anzahl von Kindern aufwächst, die dieselbe Sprache sprechen und denselben Lebenshintergrund von Ideen, Büchern und Erfahrungen haben, gibt es genügend Ähnlichkeiten in ihrer Umwelt, um Tests entwickeln zu können, die die Kinder klassifizieren in Verbindung mit ihrem genetischen Potenzial. Aber selbst die besten Tests, so wird behauptet, sind kulturabhängig. Wenn wir Menschen testen, die in einer von einer bestimmten Kultur geprägten Umwelt aufwuchsen – nehmen wir als Beispiel schwarze Kinder im Süden der USA –, und dabei Tests einsetzen, die für Angehörige einer kulturell anders geprägten Umwelt entwickelt und standardisiert wurden – beispielsweise amerikanische Kinder insgesamt –, dann wird die erste Gruppe schlechter abschneiden. Von allen Einwänden, die gegen Intelligenztests vorgebracht werden, ist dies der gültigste.

Logischerweise folgt hieraus, dass Intelligenztests nicht angewendet werden können, um die relative Intelligenz verschiedener ethnischer oder kultureller Gruppen zu ermitteln. Für jede einzelne Gruppe einen Test zu standardisieren und einen Mittelwert sowie eine Standardabweichung für diese Gruppe festzulegen, ist einfach. Es ist jedoch etwas ganz anderes, die verschiedenen Mittelwerte und Standardabweichungen aufeinander zu beziehen. Die Welt der Psychometrie liegt miteinander im Streit darüber, ob überhaupt und wie dieses Problem gelöst werden kann.

Einige Psychometriker wie Cattell haben «kulturneutrale» Tests vorgelegt, die den Anspruch erheben, den Angehörigen aller kulturellen Gruppen gegenüber gleichermaßen fair zu sein, und es existieren überzeugende Belege dafür, dass dies auch stimmt. Andere Psychometriker behaupten, diese kulturfreien Tests würden den Schwerpunkt auf eine bestimmte Art von Intelligenz legen und andere wichtige Aspekte ausblenden. Das schwierigste Problem ist dabei das der Sprachfähigkeit. Ich habe bereits erwähnt, dass die meisten Psychometriker sich einig sind, sprachliche Fähigkeiten wiesen die größte so genannte «g»-Ladung auf, das heißt die höchste Verbindung mit dem allgemeinen Intelligenzfaktor, den sie zu messen versuchen. Leider lassen sich genau diese Fähigkeiten von «kulturneutralen» Tests nicht angemessen erfassen, denn bei allem, was mit Sprache zu tun hat, sind die Angehörigen der für die Testkonstruktion gewählten Sprache zwangsläufig im Vorteil. (Man könnte meinen, dass Sprachtests leicht zu übersetzen seien, aber zwischen den verschiedenen Sprachen gibt es derart feine semantische Unterschiede, dass eine direkte Übersetzung ziemlich verfehlt wäre.)

Die Verteilung der Intelligenz

Wie viele andere menschliche Eigenschaften ist Intelligenz «normal» verteilt. Das soll heißen: Wenn wir Menschen nach «Intelligenz» klassifizieren, wird eine große Zahl von ihnen nahe dem Durchschnitt angesiedelt sein. Die Intelligenzverteilung wird die typische Gauß'sche Kurve – oder Glockenkurve – ergeben, so, wie es auch der Fall ist, wenn Menschen nach Körpergröße oder Gewicht oder einer anderen Variablen menschlicher Eigenschaften klassifiziert werden (siehe Abb. S. 26).

Die Gauß'sche Kurve wurde aus der Fehlertheorie abgeleitet. Sie entsteht, wenn man die Variation der Messwerte bestimmter Merkmale untersucht, die von einer großen Anzahl zufälliger Variablen beeinflusst werden. Diese Kurve ist bei einer polygenetischen Erklärung der Vererbung von Intelligenz zu erwarten. Das soll heißen: Eine Gauß'sche Kurve würde entstehen, wenn Intelligenz von einer Vielzahl von Genen und nicht nur von einem abhängt.

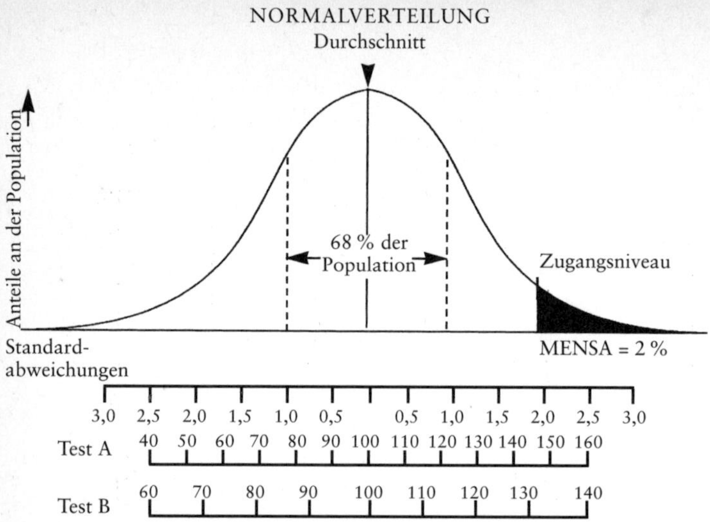

Aus dieser Normalverteilung wurden viele Schlüsse gezogen, vielleicht zu viele, denn eine sorgfältige Prüfung der theoretischen Grundlagen, die zu Intelligenztests führten, zeigt, dass die Testpsychologen von der Annahme einer Normalverteilung ausgingen und diese auch zum Kriterium für die Gültigkeit ihrer Ergebnisse machten. Die Tatsache, dass am Ende dann herauskam, was vorher schon angenommen wurde, überrascht wohl kaum. Dennoch ist die Annahme einer Normalverteilung einigermaßen gesichert, sie sollte als gute Arbeitshypothese betrachtet werden, wenn auch nicht als Ergebnis eines Experiments. Sie ist ein schönes Beispiel dafür, dass man manchmal gut daran tut, eine Behauptung stehen zu lassen, bis Beweise für das Gegenteil vorliegen. Beweise lassen sich am untersten Ende der Skala ablesen, wie wohl zu erwarten war. Bei einer komplexen Ganzheit wie dem Menschen gibt es mehr Faktoren, die diese Ganzheit unvollkommen machen können, als solche, die sie verbessern. Untersuchungen ergaben, dass bei den niederen Intelligenzgraden zwei Abweichungen nach oben existieren. Der eine Häufigkeitsanstieg bildet möglicherweise Geburtsschäden ab, der andere ist bisher ungeklärt. Die Tatsache, dass diese Abweichungen nicht bei allen in Intelligenztests erhobenen Daten auftreten, ist damit zu erklären, dass Kretins, Idioten und Schwachköpfe im Allgemeinen nicht zur Ausgangsstichprobe gehören.

Wenn wir die Logik der Gauß'schen Kurve weiterverfolgen, wäre zu erwarten, dass Intelligenz nach oben ins Unendliche verläuft. Bei zwei Standardabweichungen erfassen wir jedoch nur etwa 2 % der Population, bei drei 1 ‰ usw. ad infinitum. Aber es scheint mir unwahrscheinlich, dass die Kurve mehr als zwei Standardabweichungen hergibt.

Die Obergrenze

Mehrere Versuchsreihen mit Mäusen haben gezeigt, dass eine biologische Obergrenze für die Entwicklung der Intelligenz zu existieren scheint. Eine Mäusepopulation wurde aufgeteilt nach ihrer Fähigkeit, sich in Labyrinthen zurechtzufinden. Diejenigen, die besonders schnell lernten, wurden in einer Gruppe gehalten, ebenso die, die am langsamsten waren. Nach einer relativ kurzen Generationenfolge unterschieden sich die beiden Populationen so stark, dass die Langsamsten der ursprünglich schnellen Gruppe schneller lernten als die Schnellsten der ursprünglich langsamen. Aber eine weitere Selektion der besonders Begabten aus der Begabtengruppe führte zu *keiner* weiteren Verbesserung, denn bald wurde offensichtlich, dass in einer gegebenen Population von Mäusen eine natürliche Obergrenze für die weitere Entwicklung vorliegt. Ich gehe davon aus, dass bei der menschlichen Intelligenz eine ähnliche Obergrenze existiert. Es ist wie bei einem Pokerspiel. Man mischt die Karten, und jeder bekommt sein Blatt: Welches Blatt jeder Einzelne bekommt, ist Glückssache, und die Wahrscheinlichkeit, einen Royal Flush zu erhalten, ist ziemlich gering, aber sie ist voraussagbar. Wenn Sie das Kartenspiel manipulieren und einige Karten herausnehmen, können Sie Ihre Chancen für ein gutes Blatt erhöhen, aber ein besseres Blatt als einen Royal Flush können Sie nicht bekommen – es sei denn durch ein Wunder. In einer Geschichte aus Russland spielen die Apostel mit Christus Karten. Als es darum ging, die Karten auf den Tisch zu legen, deckte Petrus drei Königinnen auf, Markus drei Könige, Paulus legte einen Royal Flush hin und sagte zu Christus: «Jetzt aber keins deiner verdammten Wunder!» Bei unserem Thema haben wir unter «Wunder» eine neue Kombination von Mutationen zu verstehen. Je komplexer eine Art wird, desto weniger wahrscheinlich eine Kombination, die sie verbessert. Deshalb müssen wir wohl noch einige Zeit auf ein verdammtes Wunder warten. Inzwischen könnten wir, wenn wir es nur wollten, dafür sorgen, dass mehr Menschen im genetischen Pokerspiel ein gutes Blatt bekommen, oder wir könnten die Anzahl schlechter Karten reduzieren. Aber das ist ein anderes und höchst strittiges Thema. Ich werde an dieser Stelle die Finger davon lassen, sonst schreit nur jemand «Hitler» oder «Eugenik» oder ein anderes böses Wort, und damit hört jegliche vernünftige Diskussion auf.

Der Tester auf dem Prüfstand

Eine weitere olle Kamelle im Repertoire der Testgegner ist das falsche Paradox: «Was macht der Testende mit Menschen, die intelligenter sind als er?» Die Antwort ist eine Frage der Geschwindigkeit. Je schlauer Sie sind, desto schneller lösen Sie Probleme, sogar einfache. Das ist der Grund, warum nahezu alle Intelligenztests unter Zeitvorgaben gemacht werden müssen. Das heißt, sie sind absichtlich so angelegt, dass man nicht ausreichend Zeit hat, sie zu lösen. Viele, die die MENSA-Tests nicht bestanden haben, beklagen sich: «Ich hatte nicht genug Zeit.» Natürlich nicht. Jeder Test, in dem *jedem* ausreichend Zeit gegeben würde, wäre wenig geeignet, Unterschiede festzustellen. Allerdings sind sich die Psychometriker in diesem Punkt nicht einig, und es gibt andere Tests, so genannte Power-Tests, in denen die Fähigkeit, schwierige Probleme zu lösen, getestet wird: Die Probanden werden nach ihrer Fähigkeit, sie überhaupt lösen zu können, in bestimmte Kategorien unterteilt. Solche Tests zu entwerfen ist viel schwieriger; sie müssen viel sorgfältiger nach Grad und Art der Schwierigkeiten abgestuft klassifiziert werden. Nach der Erfahrung vieler Jahre beim Entwickeln von Tests für MENSA gebe ich gerne zu, dass sie etwas für sich haben. Aber es wird schwierig sein, ein wirklich überzeugendes empirisches Beweisverfahren zu entwickeln, mit dem ihre Tauglichkeit bewiesen werden kann.

Dr. Furneaux vom Maudsley Institut ist anderer Ansicht und hat ein Testkonzept erarbeitet, bei dem es allein auf die Zeit ankommt, die ein Proband braucht, um eine große Anzahl relativ einfacher Probleme zu lösen. Dies eröffnet die Möglichkeit, das Testen der geistigen Kapazität zu mechanisieren, und tatsächlich sind einige Versuche in dieser Richtung unternommen worden.

Obwohl die Zeit, die für die einzelnen Tests zur Verfügung steht, absichtlich so festgelegt wurde, damit genau dies vermieden wird, gibt es offenbar einen Trainingseffekt: Je mehr Tests Sie machen, desto besser schneiden Sie ab. In einem richtig validierten Test wird durch Übung das Ergebnis nicht groß verändert (etwa um 5 oder 6 Punkte). Die Obergrenze wird nach ein paar Versuchen erreicht, danach verbessert sich das Ergebnis nicht mehr.

Da so viele Menschen Praxis im Absolvieren von Intelligenztests erwerben, hat Professor Eysenck vorgeschlagen, Übung als Ursache für Schwankungen sinnvoll zu neutralisieren, indem man jedem Kind genug Gelegenheit zum Üben gibt. Das vorliegende Buch mag als Mittel zu diesem Zweck angesehen werden. Andererseits wäre es schade um die Zeit für ein «Training» von Intelligenztests, wenn dadurch Zeit für den eigentlichen Unterricht verloren ginge. Außerdem besteht die Gefahr, dass Kinder, denen aufgrund eines solchen Trainings akademische Möglichkeiten eröffnet werden, anderen, die vielversprechender sind, aber dieses Training nicht erhielten, den Platz wegnehmen. Das wäre offensichtlich nicht gerecht.

Eine der Fragen, die am häufigsten an MENSA gerichtet werden, lautet, ob es irgendeine Auswirkung auf das Testresultat hat, wenn der oder die Getestete sich nicht wohl fühlt, Grippe hat, betrunken, deprimiert oder müde ist oder ihre Tage hat, wenn er oder sie sich dem Test unterzieht. Die Antwort lautet, dass es nicht halb so viel ausmacht, wie man gemeinhin meint. Experimente zeigen, dass die momentane Stimmung als Ursache für Abweichungen nicht besonders relevant ist. Es widerstrebt mir, Menschen einen solchen Trost zu rauben, wenn sie schlecht abgeschnitten haben, deshalb lautet mein Rat: Warten Sie, bis Sie Kopfschmerzen haben, und machen Sie den Test dann. Das wird Ihnen eine recht vorsichtige Einschätzung Ihrer Intelligenz erlauben; sie ist vorteilhaft für Ihr Ego, wenn Sie gut abschneiden.

Sollte dies jedoch nicht der Fall sein, und Sie können das Resultat nicht akzeptieren, haben Sie immer noch die Möglichkeit, sich selbst hinters Licht zu führen und die Ergebnisse für bedeutungslos zu halten.

Jedem der folgenden kognitiven Tests geht ein einführender Test voraus. Dadurch sollen Sie sich einüben, sodass Sie, wenn Sie zum eigentlichen Test kommen, eine einigermaßen klare Vorstellung von dem haben, was auf Sie zukommt.

Ich empfehle Ihnen, an dem Tag, an dem Sie den Test machen wollen, vorher recht schnell den einführenden Test durchzuarbeiten – aber nicht so schnell, dass die Sorgfalt darunter leidet. Überprüfen Sie erst Ihre Antworten, bevor Sie sich dem eigentlichen Test widmen.

Zeitmessung

Intelligenztests wurden für die Anwendung unter standardisierten Bedingungen entwickelt. Ein geübter Testleiter benutzt immer genau dieselben Worte, spricht in derselben Stimmlage auf dieselbe Weise und gibt jedem gleich viel Zeit. Außerdem versucht er, eine kühle, angenehme und nicht ablenkende Atmosphäre zu schaffen, sodass jede Versuchsgruppe die gleichen Chancen hat. Damit ist er allerdings nicht immer gleich erfolgreich.

Die Tests in diesem Buch wurden so entwickelt, dass sie genau dreißig Minuten in Anspruch nehmen. Wenn Sie länger brauchen, ist das Ergebnis nicht besonders aussagekräftig. Wenn Sie sehr viel weniger Zeit brauchen und die Resultate sehr gut sind – nun, dann kann ich Ihnen nur auf die Schulter klopfen, aber ich habe noch nicht herausgefunden, wie viele Punkte Sie zu Ihrem Endergebnis dazuzählen sollten. Ihr Ergebnis wird sicherlich höher sein, als die Umrechnung in diesem Buch angibt.

Vielleicht stellt es eine gewisse Ablenkung dar, wenn Sie selbst die Zeit kontrollieren, deshalb bitten Sie, wenn es Ihnen nicht zu peinlich ist, jemand anderes, dies für Sie zu tun.

Spicken, das heißt, schon vorher einen Blick auf die Testfragen zu werfen, kann gut oder schlecht sein, je nachdem, was Sie vorhaben. Wenn für Sie das Ziel der Übung darin besteht, sich selbst zu beweisen, dass Sie helle sind, ganz egal, ob Sie es sind oder nicht, dann spicken Sie – je mehr, desto besser. Das schadet niemandem, denn Sie betrügen ja nur sich selbst. Aber wenn Sie es wirklich wissen wollen und die Wahrheit vertragen können, dann ist Spicken verboten – der Test ist sonst nicht mehr als vollkommene Zeitverschwendung.

Denken Sie daran, dies ist ein Test mit Zeitbegrenzung, lösen Sie deshalb so viele Aufgaben, wie sie können. Es gibt keinen Strafpunkt für falsche Antworten, und wenn Sie die Lösung nicht wissen, ist Raten eine gute Strategie. Raten wird wahrscheinlich stärker von der Intelligenz gesteuert, als Sie meinen. Wer den Zwang verspürt, nach jedem Test seine Ergebnisse festzustellen, ist im Nachteil; verkneifen Sie sich das Nachschauen, bis Sie die letzte Frage beantwortet haben. Beeilen Sie sich nicht zu sehr. Arbeiten Sie so schnell, wie Sie wohlüberlegte Antworten geben können. Lassen Sie sich nicht von einer Frage aufhalten – überspringen Sie sie und kommen Sie später darauf zurück.

Die Schwierigkeit der Fragen nimmt in den einzelnen Tests kontinuierlich zu, deshalb werden die meisten irgendwann Probleme haben und feststellen, dass sie nicht mehr weiterkommen. Machen Sie sich deshalb keine Sorgen – der Test soll jeden irgendwo aufhalten.

Nehmen Sie sich Zeit für die Anleitungen: Sie müssen sie restlos verstehen, oder Sie sollten gar nicht erst mit dem Test anfangen.

Für die richtige Lösung jeder Aufgabe bekommen Sie einen Punkt, Sie können also in jedem kognitiven Test 50 Punkte erreichen.

An dieser Stelle sollten Sie aussteigen, wenn Sie sich nicht einsortieren lassen oder weiter glauben wollen, Sie seien ein Genie. Glück kann ich Ihnen bei diesen Tests nicht wünschen, denn je mehr Glück Sie haben, desto größer die Täuschung. Wenn ich oben «Erkenne dich selbst» propagiert habe, muss ich konsequent sein.

Diejenigen, die über diesen Punkt hinausgehen, wollen ihren Grips getestet haben …

SPRACHTEST

Bei den folgenden 18 Fragen haben Sie kein Zeitlimit. Betrachten Sie jedoch den Test als Vorbereitung auf den eigentlichen Test, wo Sie ein Zeitlimit haben werden, und versuchen Sie, die Fragen deshalb möglichst rasch durchzuarbeiten. Die Antworten finden Sie im Anschluss an Frage 18.

Analogien I

Eine Analogie ist zum Beispiel: Dunkel verhält sich zu Licht wie schwarz zu weiß.
Vervollständigen Sie die folgenden Analogien und unterstreichen Sie die beiden passenden Wörter in der Klammer.
Beispiel: Hoch verhält sich zu niedrig wie (<u>Himmel</u>, <u>Erde</u>, Baum, Pflanze: Himmel ist analog zu Erde).

SÜ 1. Hund verhält sich zu Welpe wie (Schwein, Kuh, Kalb).
SÜ 2. Kreis verhält sich zu Kugel wie (Dreieck, Quadrat, Zylinder, Würfel).

Ähnlichkeiten

Unterstreichen Sie die beiden Wörter in jeder Zeile, deren Bedeutung am ähnlichsten ist.
Beispiel: <u>Matte</u>, Linoleum, Fußboden, <u>Teppich</u> (Matte ist ähnlich wie Teppich)

SÜ 3. weit, alle, groß.
SÜ 4. leer, weit, gesamt, ganz.

Verständnis

Lesen Sie den folgenden Abschnitt. Ergänzen Sie die Leerstellen mit Wörtern aus der Liste darunter. Tragen Sie in jede Leerstelle den Buchstaben des Wortes ein, das die Lücke am besten füllen würde. Kein Wort sollte häufiger als einmal verwendet werden, und manche Wörter werden überhaupt nicht gebraucht. Der erste Buchstabe ist als Beispiel bereits eingesetzt.

SÜ 5 und 6. Kleine (B) silbrigen Nebels (…) durch die Talsenke zu schweben, als das Licht nach Sonnenuntergang (…).
(A) allmählich verschwand, (B) Fetzen, (C) endete, (D) vor, (E) begannen, (F) verblasste

Ausschlussverfahren

Unterstreichen Sie in jeder der unten stehenden Wortgruppen die beiden Wörter, die ihrer Bedeutung nach nicht in diese Gruppe passen.

Beispiel: Rotkehlchen, Taube, <u>Spaten</u>, <u>Gabel</u>, Adler.

SÜ 7. Mann, Kabeljau, Hering, Junge, Flunder.

SÜ 8. Nase, Mund, Lächeln, Augen, Stirnrunzeln.

Gleich lautende Wörter

Schreiben Sie in die Klammer ein Wort, das die gleiche Bedeutung hat wie das Wort links und in einem anderen Sinn das Gleiche bedeutet wie das Wort rechts. Die Anzahl der Sterne gibt an, wie viele Buchstaben fehlen.

Beispiel: Sitzgelegenheit (B$\overset{an}{**}$k) Geldinstitut

SÜ 9. Baum (W****e) Grasfläche.

SÜ 10. Spielzeug (***l) Tanzveranstaltung.

Analogien II

Vervollständigen Sie die folgenden Analogien, indem Sie ein Wort in die Klammern eintragen, das mit dem angegebenen Buchstaben endet.

Beispiel: Hoch verhält sich zu niedrig wie Himmel zu (Erde).

SÜ 11. Jung verhält sich zu alt wie Knabe zu (__n).

SÜ 12. Flugzeug verhält sich zu Vogel wie Unterseeboot zu (__h).

Gegensätze

Unterstreichen Sie in den folgenden Zeilen die beiden Wörter, deren Bedeutung möglichst gegensätzlich ist.

Beispiel: schwer, groß, leicht.

SÜ 13. verwegen, schlecht, schüchtern.

SÜ 14. kurz angebunden, angestrengt, ernsthaft, entspannt, gereizt.

Wortreihen

In jeder Wortreihe sollen die drei Begriffe rechts eine Verbindung haben zu den drei Begriffen links. Tragen Sie rechts den fehlenden Begriff ein.

Beispiel: der erste (zweite) dritte – eins (zwei) drei.

SÜ 15. Kilometer (Zentimeter) Millimeter – Tonne (K***). Gramm.

SÜ 16. Dreieck (Quadrat) Fünfeck – drei (v***) fünf.

Ähnlich oder entgegengesetzt?

Unterstreichen Sie in den folgenden Reihen zwei Wörter, deren Bedeutung möglichst entgegengesetzt oder ähnlich ist.

Beispiele: 1. Matte, Linoleum, Läufer.
2. Hass, Liebe, Zuneigung.

SÜ 17. Antwort, Strafe, Belohnung.

SÜ 18. verachten, vortäuschen, sich verstellen, schmeicheln.

SÜ 1: Kuh, Kalb **SÜ 2:** Quadrat, Würfel (ein Kreis ist ein Flächenschnitt einer Kugel, ein Quadrat ein Flächenschnitt eines Würfels) **SÜ 3:** weit, groß **SÜ 4:** ganz, gesamt **SÜ 5 und 6:** (E) beginnen, (F) verblassen **SÜ 7:** Mann, Junge (menschliche Wesen, keine Fische) **SÜ 8:** Lächeln, Stirnrunzeln (Gesichtsausdruck, keine Gesichtsteile) **SÜ 9:** Weide **SÜ 10:** Ball **SÜ 11:** Mann **SÜ 12:** Fisch **SÜ 13:** verwegen, schüchtern **SÜ 14:** angestrengt, entspannt **SÜ 15:** Kilo **SÜ 16:** vier **SÜ 17:** Strafe, Belohnung (Gegensätze) **SÜ 18:** vortäuschen, sich verstellen (Synonyme)

Sie haben für die folgenden fünfzig Fragen eine halbe Stunde Zeit. Beginnen Sie jetzt mit der Zeitmessung. Die Antworten finden Sie auf Seite 116.

Analogien I

Vier Begriffe bilden eine Analogie, das heißt, das erste Wort steht mit dem zweiten auf dieselbe Weise in Beziehung wie das dritte Wort mit dem vierten. Vervollständigen Sie die Analogien, indem Sie zwei der vier Wörter in den Klammern unterstreichen.

Beispiel: <u>Hoch</u> verhält sich zu <u>tief</u> wie (<u>Himmel</u>, <u>Erde</u>, Baum, Pflanze).

SA 1. Der Sitzende verhält sich zum Stuhl wie (Tasse, Untertasse, Teller, Bein).

SA 2. Nadel verhält sich zu Faden wie (Zwirn, nähen, Führer, Anhänger).

SA 3. Besser verhält sich zu schlechter wie (sich freuen, sich aussuchen, schlecht, trauern).

SA 4. Boden verhält sich zu Halt wie (Fenster, Glas, Aussicht, Ziegel).

SA 5. Schleier verhält sich zu Vorhang wie (Augen, sehen, Fenster, hören).

Ähnlichkeiten

Unterstreichen Sie die zwei Wörter in jeder Zeile, deren Bedeutungen am ähnlichsten sind.

Beispiel: <u>Matte</u>, Linoleum, Boden, <u>Teppich</u>.

SA 6. preisgeben, nachgeben, enthüllen, gestehen.

SA 7. widmen, adeln, opfern, weihen.

SA 8. Klientel, Verbraucher, Geschäftsmann, Kundschaft.
SA 9. Erzählung, Roman, Werk, Geschichte.
SA 10. einkerkern, bestrafen, verprügeln, züchtigen.

Verständnis

Lesen Sie den folgenden Text. Ergänzen Sie die Leerstellen im Text mit Wörtern aus der Liste darunter. Schreiben Sie in jede Lücke den Buchstaben des Worts, das am besten passt. Verwenden Sie kein Wort mehrfach, manche Wörter werden gar nicht gebraucht.

SA 11 bis 20. Ein erfolgreicher Autor ist (...) in Gefahr, dass sein Ruhm (...), ob er weiter (...) oder nicht. Das Ansehen in den Augen der (...) lässt sich nicht aufrecht erhalten, wenn man ihr nicht ständig Tribut zollt, und die (...) an vergangene Taten verblasst bald, (...), dass (...) Leistungen den so (...) Massen den (...) wieder vergegenwärtigen, auf welchem (...) basiert.

(A) keiner, (B) Ruhm, (C) schwinden, (D) Öffentlichkeit, (E) Erinnerung, (F) gleichermaßen (G) neu, (H) es sei denn, (I) vergesslich, (J) unwirklich, (K) Verdienst, (L) schreiben

Ausschlussverfahren

Unterstreichen Sie in jeder Wortgruppe die beiden Wörter, deren Bedeutung nicht zu den anderen passt.
Beispiel: Rotkehlchen, Taube, Spaten, Gabel, Adler.

SA 21. Hai, Seelöwe, Kabeljau, Wal, Flunder.
SA 22. Vlies, Papier, Filz, Tuch, Stanniol.
SA 23. Schwert, Pfeil, Dolch, Kanone, Keule.
SA 24. Mikroskop, Telefon, Mikrophon, Teleskop, Telegraph.
SA 25. Gestank, Furcht, Geräusch, Wärme, Liebe.

Gleich lautende Wörter

Fügen Sie in die Klammern ein Wort ein, das in einer Bedeutung dem Wort links und in einer anderen dem Begriff rechts gleicht.

Beispiel: Vogel (H$\overset{ahn}{***}$) Teil der Installation

SA 26. Naturlandschaft (H***e) Ungläubiger.
SA 27. Niederschlag (*a*) Befestigungsmittel.
SA 28. Vogelzug (**h****) Angebetete/r.
SA 29. Ablage (***h) akademische Disziplin.
SA 30. Bewegung (*p****) Defekt.

Gegensätze

Unterstreichen Sie in jeder Zeile die Wörter, die am ehesten einen Gegensatz ausdrücken.

Beispiel: schwer, groß, leicht.

SA 31. beleidigen, leugnen, beschimpfen, konkretisieren, bestätigen.
SA 32. verfehlt, verschleiert, verwirrt, geheim, exponiert.
SA 33. freimütig, offen, einfach, schlicht, zurückhaltend.
SA 34. verschlimmern, überraschen, genießen, verbessern, mögen.
SA 35. vorangegangen, primitiv, ursprünglich, alt, endgültig.

Wortreihen

In jeder Zeile sollte die Begriffsreihe auf der rechten Seite der Reihe auf der linken Seite entsprechen. Tragen Sie den fehlenden Begriff auf der rechten Seite ein.

Beispiel: erstes (zweites) drittes – eins (z$\underline{wei}$) drei.

SA 36. Vergangenheit (Gegenwart) Zukunft – war (b__) werde sein.
SA 37. vollständig (unvollständig) leer – immer (m__) nie.
SA 38. Überfülle (Knappheit) Mangel – viel (w__) nichts.

SA 39. plötzlich (momentan) ständig – vergänglich (v__) ewig.
SA 40. jugendlich (erwachsen) senil – grün (r__) verfault.

Ähnlich oder entgegengesetzt?

Unterstreichen Sie in den Zeilen unten die Wörter, deren Bedeutung am ehesten einen Gegensatz oder das Gleiche ausdrücken.

Beispiele: 1. <u>Matte</u>, Linoleum, <u>Teppich</u>.
2. <u>Hass</u>, Zuneigung, <u>Liebe</u>.

SA 41. übereinstimmen, quecksilbrig, glücklich, habgierig, phlegmatisch.
SA 42. einwenden, abschrecken, widersprechen, sich fügen, sich verpflichtet fühlen.
SA 43. hartnäckig, entschlossen, zögerlich, nachgiebig, starrsinnig.
SA 44. wirklich, wirksam, buchstäblich, ähnlich, tatsächlich.
SA 45. Topographie, Haufen, Grund, Ebene, Loch.

Analogien II

Vervollständigen Sie die Analogien, indem Sie das Wort in die Klammer einfügen, das mit dem angegebenen Buchstaben endet.

Beispiel: Hoch verhält sich zu tief wie Himmel zu (<u>Erd</u>e).

SA 46. Stolz verhält sich zu demütig wie großzügig zu (__g).
SA 47. Tapfer verhält sich zu furchtlos wie wagemutig zu (__n).
SA 48. Geben verhält sich zu nehmen wie Harmonie zu (__z).
SA 49. Selten verhält sich zu üblich wie nicht da zu (__d).
SA 50. Schädel verhält sich zu Hirn wie Eierschale zu (__b).

Ende des Tests. Fünfzig Fragen in einer halben Stunde.
Antworten: Seite 116

Messen Sie genau die Zeit. Sie haben eine halbe Stunde Zeit für die folgenden fünfzig Fragen. Die Antworten finden Sie auf Seite 117.

Analogien I

Vier Begriffe bilden eine Analogie, das heißt, das erste Wort steht mit dem zweiten auf dieselbe Weise in Beziehung wie das dritte Wort mit dem vierten.
Vervollständigen Sie die Analogien, indem Sie zwei der vier Wörter in den Klammern unterstreichen.

SB 1. Mutter verhält sich zu Mädchen wie (Mann, Vater, Gatte, Junge).
SB 2. Wand verhält sich zu Fenster wie (Fassade, Ziegel, Gesicht, Auge).
SB 3. Insel verhält sich zu Wasser wie (Außen, Zentrum, Diagonale, Umfang).
SB 4. Hoch verhält sich zu tief wie (schlafen, Wolke, fließen, Kohle).
SB 5. Form verhält sich zu Inhalt wie (Glück, Statue, Marmor, Model).

Ähnlichkeiten

Unterstreichen Sie die beiden Wörter, deren Bedeutungen am ähnlichsten sind.

SB 6. Klumpen, Holz, Strahl, Schein.
SB 7. sich versammeln, erinnern, konzentrieren, sich scharen.
SB 8. träge, faul, verhindert, lethargisch.
SB 9. ablenken, arrangieren, bewegen, zerstreuen.
SB 10. grotesk, rustikal, trunken, ländlich.

Verständnis

Lesen Sie die folgende Passage. Füllen Sie die Leerstellen mit Wörtern aus der Liste darunter. Tragen Sie den Buchstaben des Worts ein, das an dieser Stelle am besten passt. Die Wörter dürfen nur einmal verwendet werden, Sie müssen nicht alle verwenden.

SB 11 bis 20. Die Vernunft sagt uns, dass (…) der Geschenke des (…) einschließlich (…) (…) bleiben sollte, und die Stimme der Erfahrung (…), dass, wenn wir zulassen, dass Lob oder Tadel unserer (…) Regel oder (…) unseres (…) werden, wir von unzähligen unvereinbaren (…) (…) werden.

(A) Erhabenheit, (B) abgelenkt, (C) Urteile, (D) keines, (E) Individualität, (F) ungenutzt, (G) meint, (H) warnen, (I) Motiv, (J) Himmel, (K) Verhalten (L) Umwelt

Ausschlussverfahren

Unterstreichen Sie in jeder Wortgruppe die beiden Wörter, deren Bedeutung nicht zu den anderen passt.

SB 21. Messer, Rasierklinge, Schere, Nadel, Speer.
SB 22. Mut, Ekel, Vertrauen, Kraft, Furcht.
SB 23. Prosodie, Geologie, Philosophie, Physiologie, Physik.
SB 24. Leim, Sieb, Hacke, Schraube, Schnur.
SB 25. Empfangsdame, Zeichner, Psychiater, Schmied, Maschinenschlosser.

Gleich lautende Wörter

Schreiben Sie in die Klammer ein Wort, das sinngemäß dasselbe bedeutet wie das Wort links und in einer anderen Bedeutung das Gleiche wie das Wort rechts.

SB 26. Gewehr (*****e) Blechdose.
SB 27. Justizorgan (****c**) Speise.
SB 28. Lesestoff (**g****) Vorratsraum.
SB 29. Schreibgerät (**l*) Arbeiter.
SB 30. Akustisches Signal (***) formbares Material.

Analogien II

Vervollständigen Sie die Analogien, indem Sie das Wort in die Klammern einfügen, das mit dem angegebenen Buchstaben endet.

SB 31. Thermometer verhält sich zu Temperatur wie Uhr zu (__t).
SB 32. Jenseits verhält sich zu außen wie dazwischen zu (__n).
SB 33. Ei verhält sich zu oval wie Erde zu (__d).
SB 34. Möglich verhält sich zu tatsächlich wie Zukunft zu (__t).
SB 35. Konkurrenz verhält sich zu Kooperation, wie Rivale zu (__r).

Gegensätze

Unterstreichen Sie in jeder Zeile die beiden Wörter, die am ehesten einen Gegensatz ausdrücken.

SB 36. kurz, Länge, verkürzen, Ausdehnung, strecken.
SB 37. intensiv, weitreichend, Mehrheit, extrem, weitschweifig.
SB 38. bestrafen, ärgern, kneifen, ignorieren, Frieden stiften.
SB 39. antworten, Kontakt halten, mitteilen, abschalten, widerlegen.
SB 40. widerspenstig, gefühllos, ordentlich, gehorsam, unbotmäßig.

Wortreihen

In jeder Zeile sollten die drei Begriffe auf der rechten Seite den drei Begriffen links entsprechen. Füllen Sie den fehlenden Begriff in der Mitte rechts ein.

SB 41. Beginn (Mitte) Ende – Kopf (R__) Fuß.
SB 42. Vorangehen (begleiten) folgen – Vorgesetzter (K__) Untergebener.
SB 43. Punkt (Würfel) Linie – keine (d__) eine.
SB 44. Entfernungsmesser (Soldat) Kanone – Sonde (Ch__) Lanzette.
SB 45. Gesicht (Rumpf) Beine – Nase (N__) Knie.

Ähnlich oder entgegengesetzt?

Unterstreichen Sie in den folgenden Zeilen die beiden Wörter, die am ehesten einen Gegensatz ausdrücken oder etwa die gleiche Bedeutung haben.

SB 46. haftbar, zuverlässig, schwankend, vertrauenswürdig, wert.
SB 47. ausländisch, praktisch, geeignet, nutzlos, passend.
SB 48. degradieren, zurückerstatten, beurteilen, befördern, fortschreiten.
SB 49. Fenster, leuchtend, beißend, strahlend, schattig.
SB 50. Nachtstudium, Bestechung, unanständig, dornig, pauken.

Ende des Tests. Überprüfen Sie Ihre Lösungen, bis die Zeit um ist.
Die Antworten finden Sie auf Seite 117.

ZAHLENTEST

Für die 26 Fragen des Übungstests (ZÜ) besteht kein Zeitlimit. Betrachten Sie die Übungsaufgaben jedoch als Training für ein rasches Beantworten der Testfragen. Die Auflösungen finden Sie im Anschluss an die letzte Frage des Übungstests.

Gleichungen

Ergänzen Sie in den folgenden Gleichungen die Zahl in Klammern.

ZÜ 1. $21 - 6 = 3 \times (\ldots)$

ZÜ 2. $48 : 2 = 20 + (\ldots)$

ZÜ 3. $4 \times 0{,}5 = 0{,}25 \times (\ldots)$

Zielscheiben

In den Figuren jeder Reihe verbergen sich Regeln, nach denen die Zahl in der Zielscheibe durch die Zahlen in den Flügeln und an der Basis der Rakete bestimmt wird. Im angegebenen Beispiel lautet die Regel: Addieren Sie die Zahlen in den Flügeln und multiplizieren Sie das Ergebnis mit der Zahl an der Basis, dann erhalten Sie die Zahl im Ziel. Tragen Sie die Ergebnisse in die freien Zielkreise ein.

Beispiel:

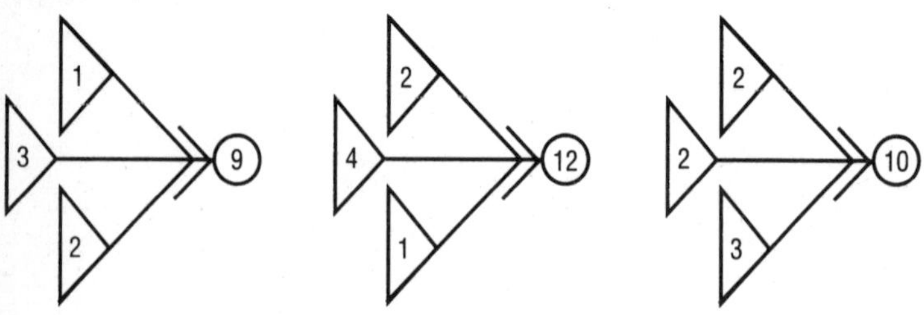

ZÜ 4.

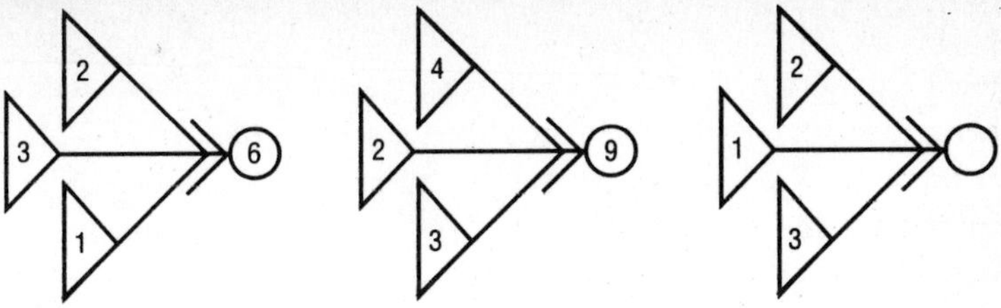

ZÜ 5.

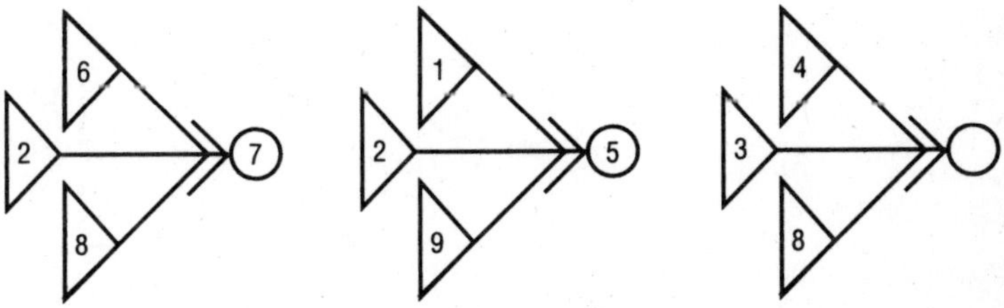

Zahlenreihen

Jede Zahlenreihe folgt einer bestimmten Regel. Tragen Sie in die Klammern in jeder Zeile die Zahl ein, die danach am Ende der Serie stehen müsste.

Beispiel: 1, 2, 4, (.8.)

ZÜ 6. 2, 4, 6, 8, (...)
ZÜ 7. 18, 27, 36, (...)
ZÜ 8. 81, 64, 49, 36, (...)

Doppelte Reihen

Für jede der folgenden Reihen gilt eine Regel, nach der die Zahlen in den Quadraten die Zahl im Kreis ergeben. Ob die Zahlen in der oberen oder unteren Reihe angeordnet sind, zeigt an, welche Regel für diese Zahlen gilt. Im Beispiel werden die oberen Zahlen einer Reihe addiert und dann mit der Zahl in der unteren Reihe multipliziert, sodass sich die Zahl im Kreis ergibt. Schreiben Sie die richtigen Zahlen in die Kreise.

Beispiel:

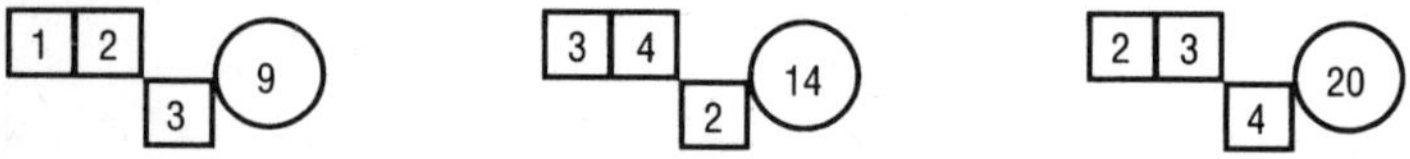

ZÜ 9.

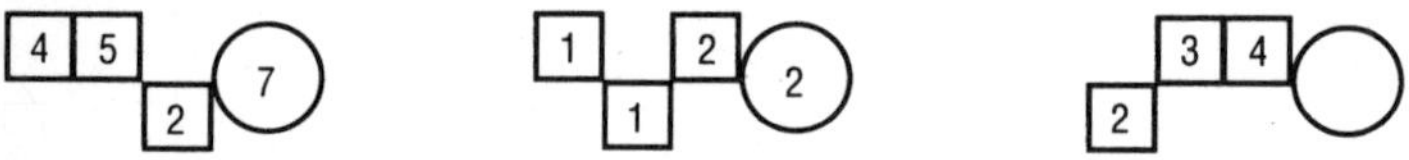

ZÜ 10.

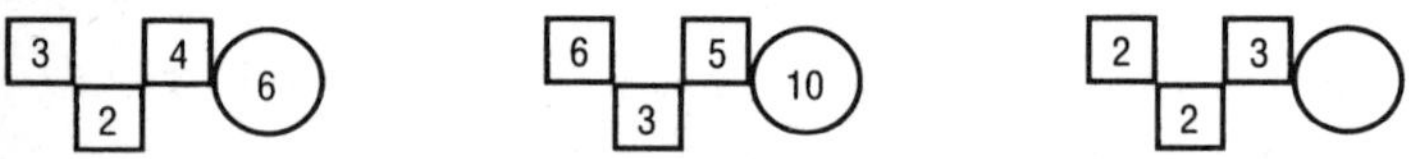

Zahlenrelationen

In jeder Zeile stehen die drei Zahlen links in derselben Weise zueinander in Beziehung wie die drei Zahlen rechts. Tragen Sie rechts die fehlende mittlere Zahl ein.

Beispiel: 2 (6) 3 : : 3 (12) 4

ZÜ 11. 11 (12) 13 : : 4 (…) 6

ZÜ 12. 4 (9) 5 : : 2 (…) 3

ZÜ 13. 25 (5) 5 : : 24 (…) 4

Tortendiagramme

Die Zahlen in den Tortenstücken bilden Paare oder Reihen, die nicht unbedingt im Uhrzeigersinn angeordnet sind. Tragen Sie die fehlende Zahl in das leere Tortenstück ein.

Beispiel:

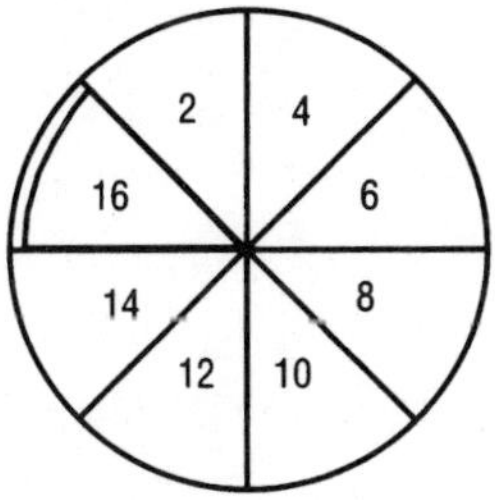

ZÜ 14.

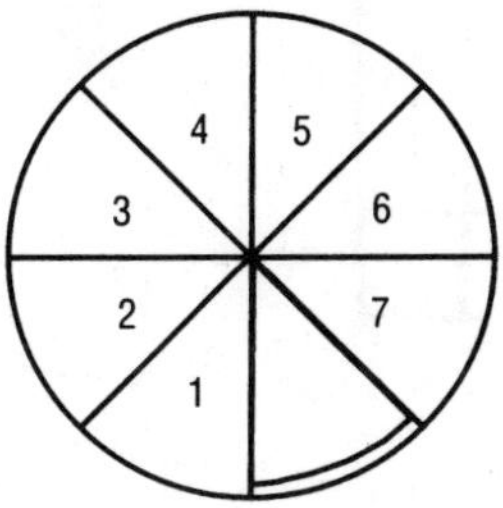

ZÜ 15.

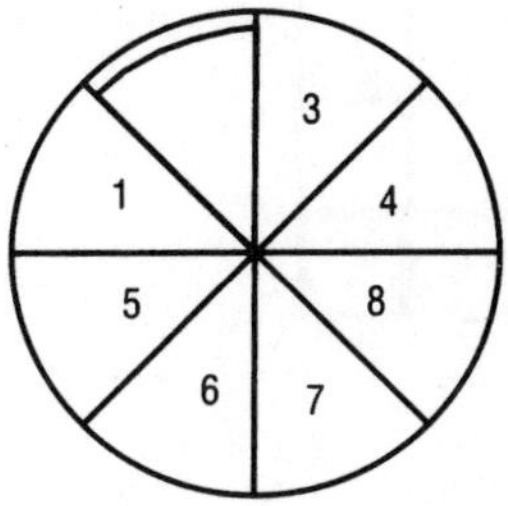

Zahlenfelder

In jedem der Quadrate folgen die waagrecht und senkrecht angeordneten Zahlen einfachen arithmetischen Regeln. Im Beispiel wird in der waagrechten Reihe jeweils 1 zu der vorhergehenden Zahl addiert und in der senkrechten Reihe jeweils 2. Tragen Sie die fehlende Zahl in das leere Kästchen ein.

Beispiel:

1	2	3
3	4	5
5	6	7

ZÜ 16.

2	4	6
4	6	8
6	8	

ZÜ 17.

2	4	8
3	6	12
4	8	

Dreiecke und Quadrate

Die Zahlen in den Quadraten folgen einer bestimmten Regel, nach der die Zahl im Dreieck ermittelt wird. In jeder Reihe gilt die gleiche Regel, aber die Regeln unterscheiden sich von Reihe zu Reihe. Im Beispiel werden die Zahlen in den ersten beiden Quadraten addiert und die Zahl im dritten Quadrat davon abgezogen. Das Ergebnis ist die Zahl im Dreieck. Tragen Sie in jeder Reihe die fehlende Zahl in das Dreieck ein.

Beispiel:

2	2	1	3
5	4	1	0
1	1	1	1

ZÜ 18.

2	3	1	7
3	4	1	13
2	2	2	

ZÜ 19.

3	4	8	20
4	6	9	30
2	1	2	

Regeln und Figuren

Aus den Figuren lassen sich arithmetische Regeln ablesen, nach denen die Zahlen angeordnet sind. In jeder Reihe ergeben die Zahlen in den Figuren die Zahl in der offen gelassenen Lücke. Tragen Sie in jeder Reihe hier die fehlende Zahl ein.

Beispiel:

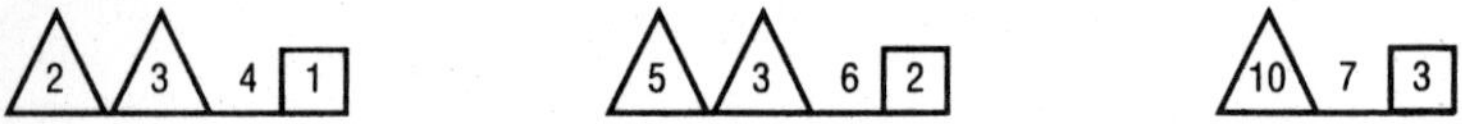

ZÜ 20.

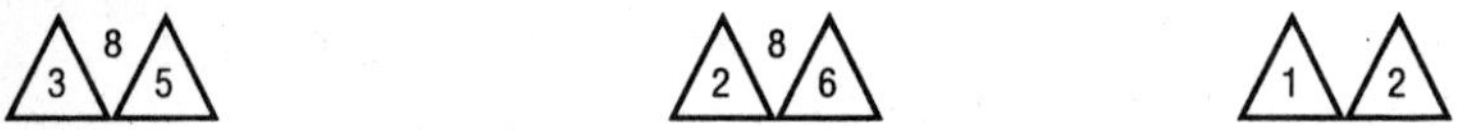

ZÜ 21.

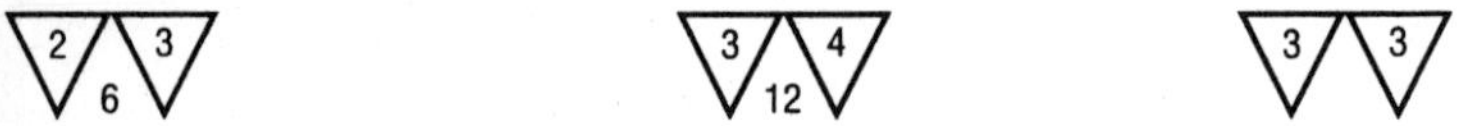

ZÜ 22.

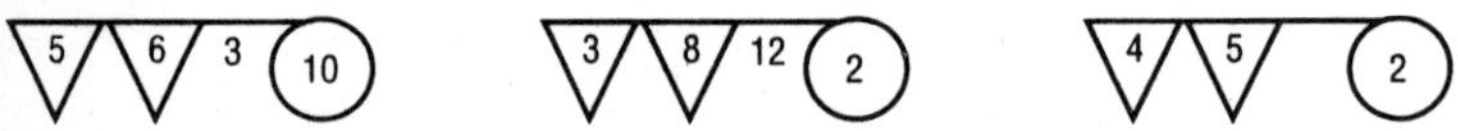

ZÜ 23.

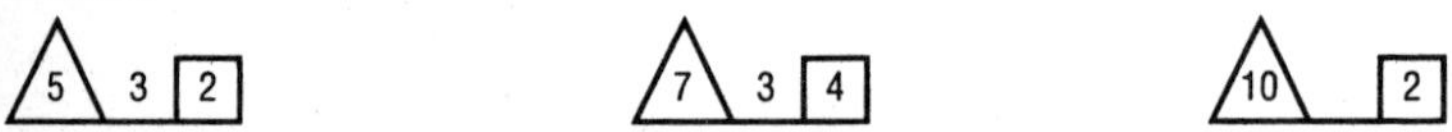

Doppelquadrate

Die Zahlen jeder Reihe bilden eine logische Folge. Schreiben Sie die beiden Zahlen, die in der Serie folgen müssten, in die freigelassenen Quadrate. Im Beispiel wird zur Zahl im linken Quadrat bei jedem Schritt 1 addiert und die Zahl im rechten Quadrat mit 2 multipliziert.

Beispiel:

1	2	→	2	4	→	3	8	→	4	16

ZÜ 24.

3	3	5	6	7	9		

ZÜ 25.

10	20	9	18	8	16		

ZÜ 26.

3	9	5	25	7	49		

ZÜ 1: 5. **ZÜ 2:** 4. **ZÜ 3:** 8. **ZÜ 4:** 6 (Zahlen in den Flügeln und an der Basis addieren). **ZÜ 5:** 4 (Zahlen in Flügeln addieren und das Ergebnis durch die Zahl an der Basis teilen). **ZÜ 6:** 10 (2 addieren). **ZÜ 7:** 45 (9 addieren). **ZÜ 8:** 25 (die Zahlen in den Quadraten sind die Quadratzahlen von 9, 8, 7 und 6; die Quadratzahl von 5 ist 25). **ZÜ 9:** 5 (addieren Sie die Zahlen der oberen Reihe und subtrahieren Sie davon die Zahl in der unteren Reihe). **ZÜ 10:** 3 (multiplizieren Sie die Zahlen in der oberen Reihe und teilen Sie sie durch die Zahlen in der unteren Reihe). **ZÜ 11:** 5 (in der normalen Zahlenfolge steht 5 zwischen 4 und 6). **ZÜ 12:** 5 (die äußeren Zahlen werden addiert und ergeben die Zahl in der Klammer). **ZÜ 13:** 6 (die Zahl links vor der Klammer wird durch die rechts nach der Klammer geteilt). **ZÜ 14:** 8 oder 0 (im Uhrzeigersinn wird jeweils 1 hinzugefügt). **ZÜ 15:** 2 (die diagonal sich gegenüberstehenden Paare ergeben addiert jeweils 9). **ZÜ 16:** 10 (waagrecht wie senkrecht wird 2 hinzugefügt). **ZÜ 17:** 16 (waagrecht verdoppeln sich die Zahlen, senkrecht werden zu den Zahlen in der obersten Reihe 1, 2 und 4 hinzugezählt). **ZÜ 18:** 6 (multiplizieren Sie die ersten beiden Zahlen und addieren Sie die dritte). **ZÜ 19:** 3 (multiplizieren Sie die ersten und dritten Zahlen und subtrahieren Sie die zweite). **ZÜ 20:** 3 (die Zahlen in den Dreiecken werden addiert). **ZÜ 21:** 9 (die Zahlen in den auf dem Kopf stehenden Dreiecken werden miteinander multipliziert). **ZÜ 22:** 10 (die Zahlen in den umgekehrten Dreiecken werden miteinander multipliziert, und das Produkt wird durch die Zahlen in den Kreisen geteilt). **ZÜ 23:** 8 (die Zahlen in den Quadraten werden von den Zahlen im Dreieck subtrahiert). **ZÜ 24:** 9 und 12 (den Zahlen in den linken Kästchen wird 2 hinzugefügt, denen in den rechten Kästchen 3). **ZÜ 25:** 7 und 14 (in den linken Quadraten wird 1 subtrahiert, in den rechten 2). **ZÜ 26:** 9

und 81 (in den linken Quadraten wird 2 hinzuaddiert; die Zahlen in den rechten Quadraten sind die Quadratzahlen der Zahlen links).

Beginnen Sie jetzt mit der genauen Zeitmessung. Sie haben für die folgenden fünfzig Fragen eine halbe Stunde Zeit. Die Auflösungen finden Sie auf den Seiten 118 und 119.

Gleichungen

Ergänzen Sie in den folgenden Gleichungen die Zahl in Klammern.
Beispiel: $2 \times 12 = 6 \times (\overset{4}{\ldots})$

ZA 1. $8 \times 7 = 14 \times (\ldots)$
ZA 2. $12 + 8 - 21 = 16 + (\ldots)$
ZA 3. $0{,}0625 \times 8 = 0{,}25 : (\ldots)$
ZA 4. $0{,}21 : 0{,}25 = 0{,}6 \times 0{,}7 \times (\ldots)$
ZA 5. $256 : 64 = 512 \times (\ldots)$

Zielscheiben

In den Figuren jeder Reihe verbergen sich Regeln, nach denen die Zahl in der Zielscheibe bestimmt wird durch die Zahlen in den Flügeln und an der Basis der Rakete. Im Beispiel lautet die Regel: Addieren Sie die Zahlen in den Flügeln und multiplizieren Sie das Ergebnis mit der Zahl an der Basis, um die Zahl im Ziel zu erhalten. Tragen Sie die Ergebnisse in die freien Zielkreise ein.

Beispiel:

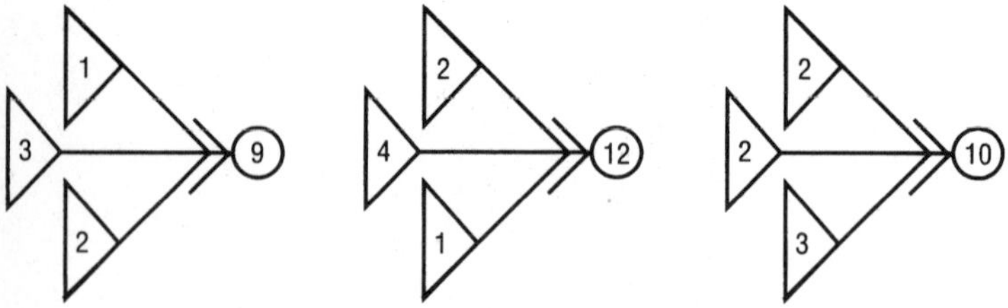

ZA 6.

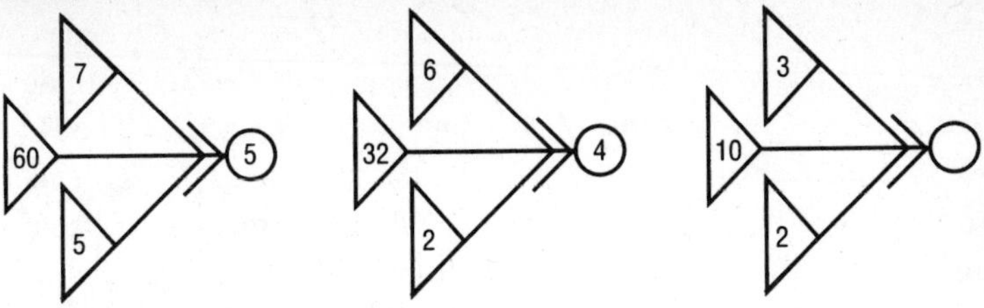

ZA 7.

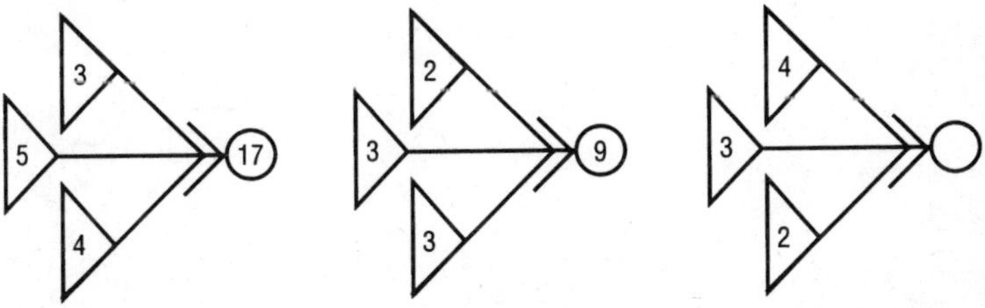

Zahlenreihen I

Jede Zahlenreihe folgt einer bestimmten Regel. Tragen Sie in die Klammern am Ende jeder Zeile die Zahl ein, die die Reihe fortführt.

Beispiel: 1, 2, 4, (.8.)

ZA 8. 3, 6, 12, 24, (...)

ZA 9. 81, 54, 36, 24, (...)

ZA 10. 2, 3, 5, 9, 17, (...)

ZA 11. 7, 13, 19, 25, (...)

ZA 12. 9, 16, 25, 36, (...)

Doppelte Reihen

Für jede der folgenden Reihen gilt eine Regel, nach der die Zahlen in den Quadraten die Zahl im Kreis ergeben. Ob die Zahlen in der oberen oder unteren Reihe angeordnet sind, zeigt an, welche Regel für diese Zahl gilt. Im Beispiel werden die oberen Zahlen einer Reihe addiert und dann mit der Zahl in der unteren Reihe multipliziert, sodass sich die Zahl im Kreis ergibt. Schreiben Sie die richtigen Zahlen in die Kreise.

Beispiel:

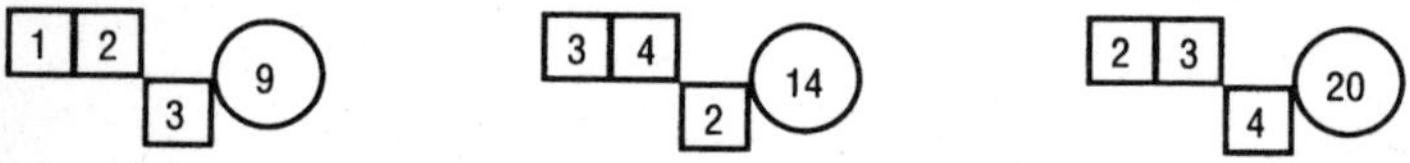

ZA 13.

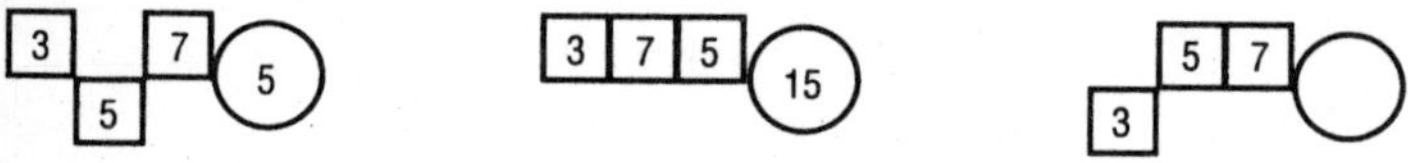

ZA 14.

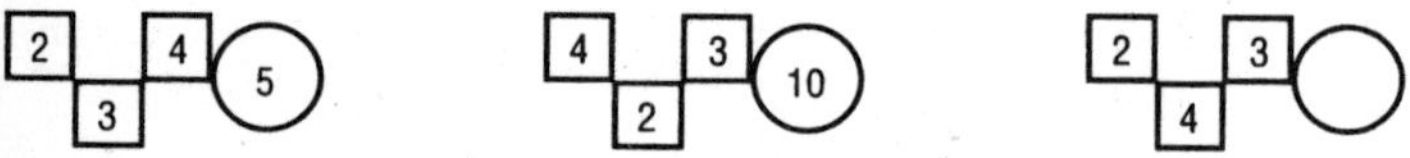

Zahlenrelationen

In jeder Zeile stehen die drei Zahlen links in derselben Weise zueinander in Beziehung wie die drei Zahlen rechts. Tragen Sie rechts die fehlende mittlere Zahl ein.

Beispiel: 2 (6) 3 : : 3 (12) 4

ZA 15. 7 (12) 5 : : 8 (…) 3

ZA 16. 3 (6) 2 : : 3 (…) 3

ZA 17. 586 (121) 102 : : 653 (…) 205

ZA 18. 444 (148) 296 : : 504 (…) 168

ZA 19. 132 (808) 272 : : 215 (…) 113

Tortendiagramme I

Die Zahlen in den Tortenstücken bilden Paare oder Reihen, die nicht unbedingt im Uhrzeigersinn angeordnet sind. Tragen Sie die fehlende Zahl in das leere Segment ein.

Beispiel:

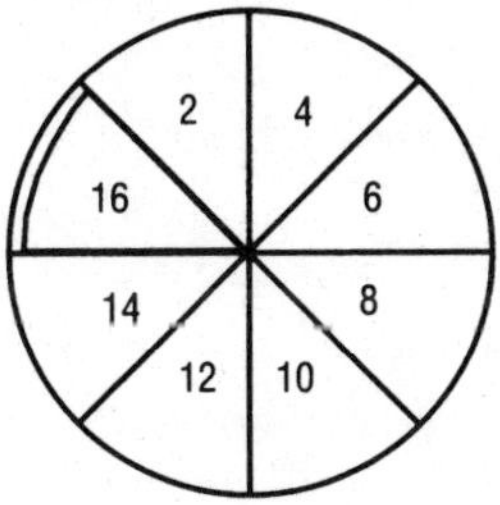

ZA 20.

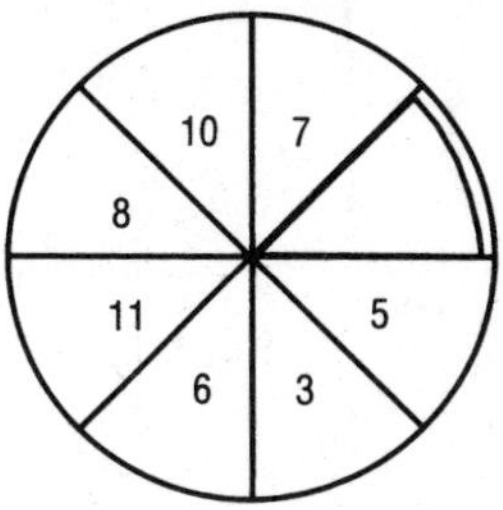

ZA 21.

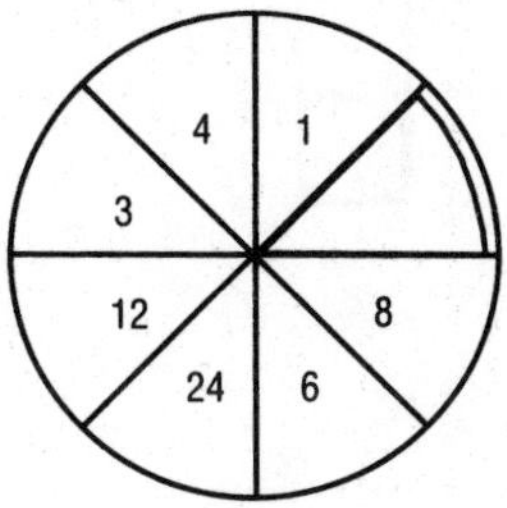

Zahlenreihen II

Ergänzen Sie in den Klammern die Zahl, die nach der Logik der Zahlenreihen folgen müsste.

ZA 22. 53, 47, (...), 35
ZA 23. 33, 26, (...), 12
ZA 24. 243, 216, (...), 162
ZA 25. 65, 33, (...), 9
ZA 26. 3, 4, 6, (...), 18

Zahlenfelder I

In jedem der Quadrate folgen die waagrecht und senkrecht angeordneten Zahlen einfachen arithmetischen Regeln. Tragen Sie die fehlende Zahl in das leere Kästchen ein.

Beispiel:

1	2	3
3	4	5
5	6	7

ZA 27.

6	7	13
2	5	7
8	12	

ZA 28.

6	2	12
4	5	20
24	10	

Dreiecke und Quadrate

Die Zahlen in den Quadraten folgen einer bestimmten Regel, nach der die Zahl im Dreieck ermittelt wird. In jeder Reihe gilt die gleiche Regel, aber die Regeln unterscheiden sich von Reihe zu Reihe. Tragen Sie in jeder Reihe die fehlende Zahl in das Dreieck ein.

Beispiel:

2	2	1	△ 3	5	4	1	△ 8	1	1	1	△ 1

ZA 29.

1	2	3	△ 0	2	3	4	△ 1	4	3	2	△

ZA 30.

2	3	1	△ 5	4	3	2	△ 10	1	2	1	△

ZA 31.

2	4	3	△ 5	1	2	3	△ 4	3	4	2	△

ZA 32.

2	3	4	△ 10	3	4	2	△ 14	1	2	3	△

ZA 33.

6	8	4	△ 12	4	3	2	△ 6	5	6	10	△

Tragen Sie die fehlenden Zahlen in die freigelassenen Quadrate ein.

ZA 34.

1	2	2
2	3	6
2	6	

ZA 35.

4	2	2
2	2	1
2	1	

Regeln und Figuren

Aus den Figuren lassen sich arithmetische Regeln ablesen, nach denen die Zahlen angeordnet sind. In jeder Reihe ergeben die Zahlen in den Figuren die Zahl in der offen gelassenen Lücke. Tragen Sie hier in jeder Reihe die fehlende Zahl ein.

Beispiel:

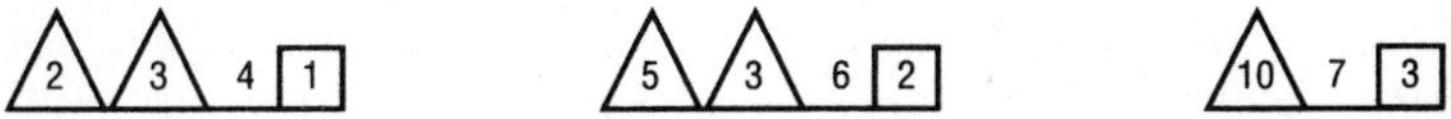

ZA 36.

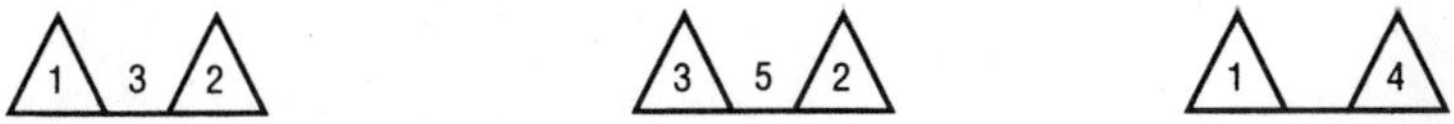

ZA 37.

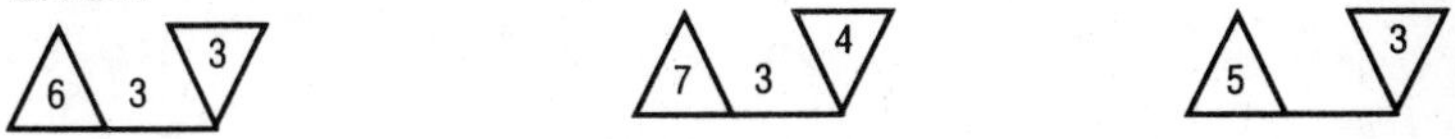

ZA 38.

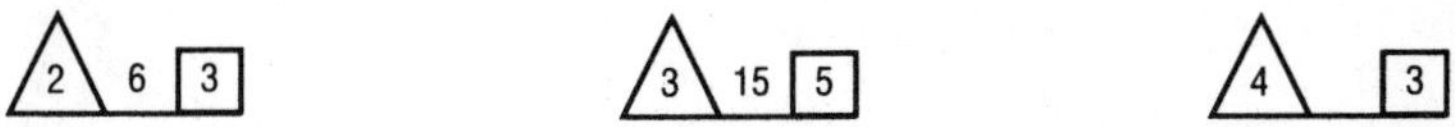

ZA 39.

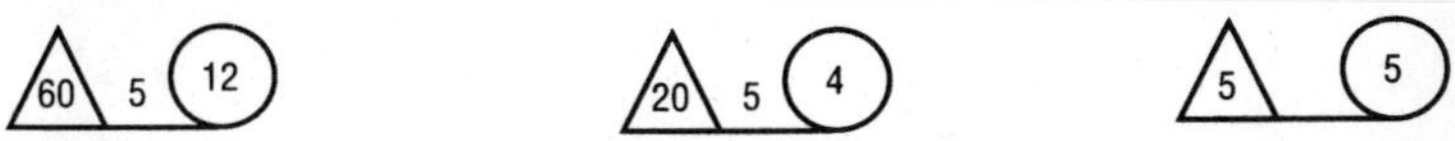

ZA 40.

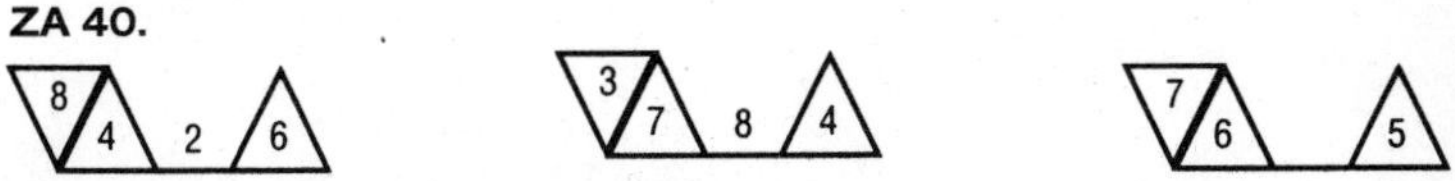

ZA 41.

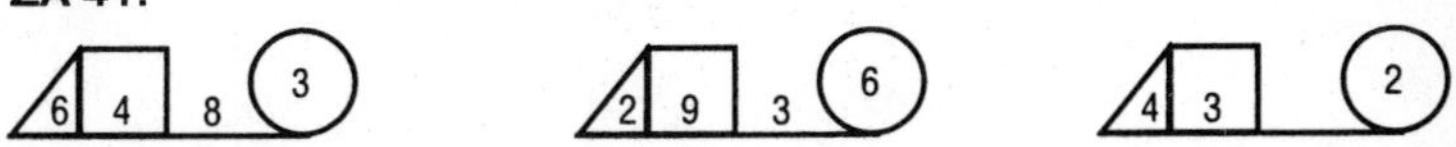

Füllen Sie die fehlende Zahl in das freigelassene Segment ein.

ZA 42.

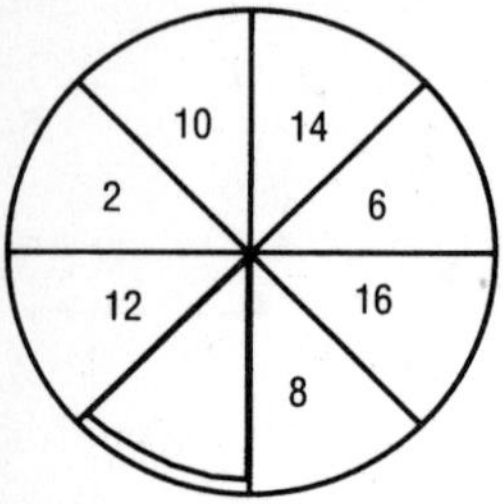

ZA 43.

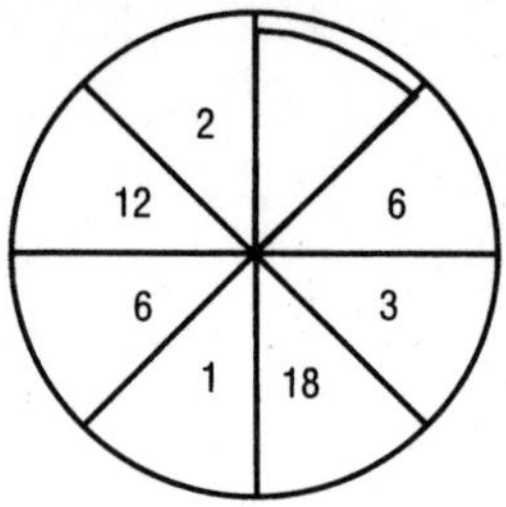

Doppelquadrate

Die Zahlen jeder Reihe bilden eine logische Folge. Schreiben Sie die beiden Zahlen, die die Serie fortsetzen, in die freigelassenen Quadrate. Im Beispiel wird zur Zahl im linken Quadrat bei jedem Schritt 1 addiert und die Zahl im rechten Quadrat mit 2 multipliziert.

Beispiel:

1	2	2	4	3	8	4	16

ZA 44.

3	6	5	9	7	12		

ZA 45.

2	6	4	12	6	18		

ZA 46.

1	3	4	6	10	12		

ZA 47.

5	2	10	7	70	67		

ZA 48.

1	1	3	27	5	125		

ZA 49. Wenn $42 = A \times (A + 1)$, dann ist A (…).

ZA 50. Wenn $162 \times 98 = B \times B$, dann ist B (…).

Ende des Tests. Sie können Ihre Arbeit jetzt überprüfen, bis die Zeit um ist. Die Auflösungen finden Sie auf den Seiten 118 und 119.

Messen Sie genau die Zeit. Sie haben für die fünfzig Fragen eine halbe Stunde Zeit. Die Auflösungen finden Sie auf den Seiten 120 und 121.

Gleichungen

Ergänzen Sie in den folgenden Gleichungen die Zahl in Klammern.

Beispiel: $2 \times 12 = 6 \times (.4.)$

ZB 1. $5 \times 9 = 15 \times (\ldots)$

ZB 2. $16 + 7 - 29 = 5 + (\ldots)$

ZB 3. $0{,}225 \times 4 = 0{,}75 \times (\ldots)$

ZB 4. $0{,}28 : 0{,}35 = 0{,}5 \times 0{,}4 \times (\ldots)$

ZB 5. $81 + 27 = 243 \times (\ldots)$

Zielscheiben

In den Figuren jeder Reihe verbergen sich Regeln, nach denen die Zahl in der Zielscheibe bestimmt wird durch die Zahlen in den Flügeln und an der Basis der Rakete. Im Beispiel lautet die Regel: Addieren Sie die Zahlen in den Flügeln und multiplizieren Sie das Ergebnis mit der Zahl an der Basis, um die Zahl im Ziel zu erhalten. Tragen Sie die Ergebnisse in die freien Zielkreise ein.

Beispiel:

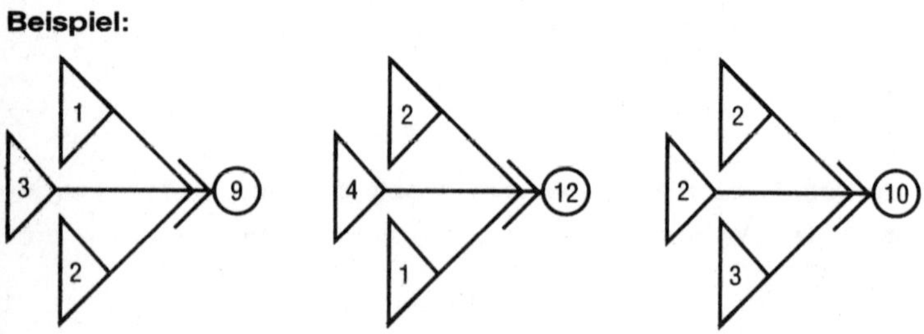

ZB 6.

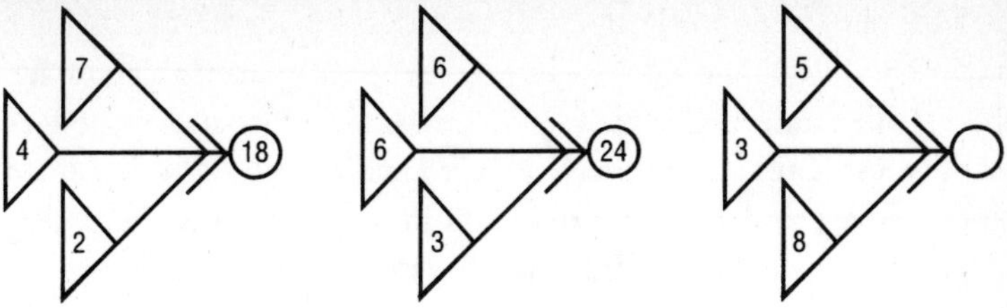

ZB 7.

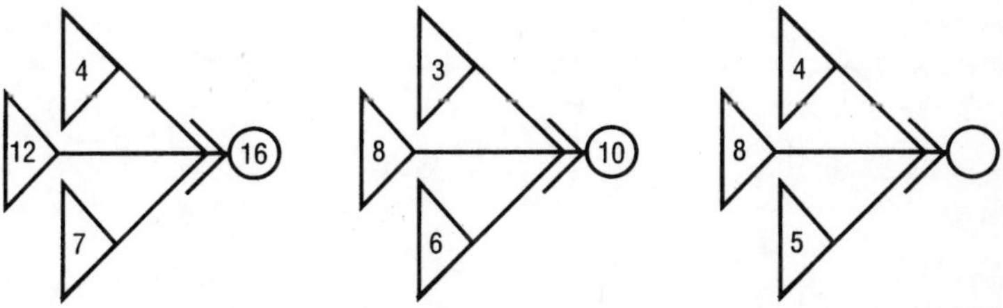

Zahlenreihen I

Jede Zahlenreihe folgt einer bestimmten Regel. Tragen Sie in die Klammern am Ende jeder Zeile die Zahl ein, die die Reihe fortführt.

ZB 8. 2, 6, 18, 54, (...)
ZB 9. 256, 192, 144, 108, (...)
ZB 10. 1, 3, 7, 15, (...)
ZB 11. 6, 13, 20, 27, (...)
ZB 12. 49, 64, 81, 100, (...)

Doppelte Reihen

Für jede der folgenden Reihen gilt eine Regel, nach der die Zahlen in den Quadraten die Zahl im Kreis ergeben. Ob die Zahlen in der oberen oder unteren Reihe angeordnet sind, zeigt an, welche Regel für diese Zahl gilt. Im Beispiel werden die oberen Zahlen einer Reihe addiert und dann mit der Zahl in der unteren Reihe multipliziert, sodass sich die Zahl im Kreis ergibt. Schreiben Sie die richtigen Zahlen in die Kreise.

Beispiel:

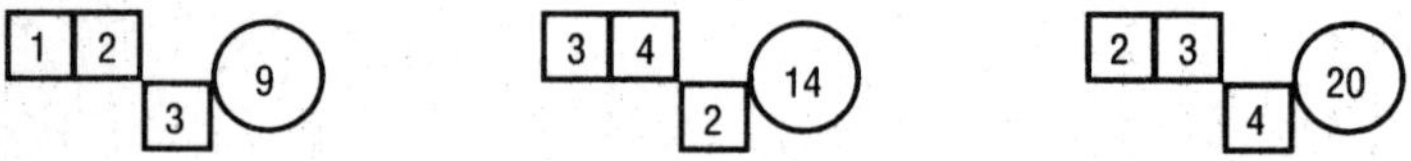

ZB 13.

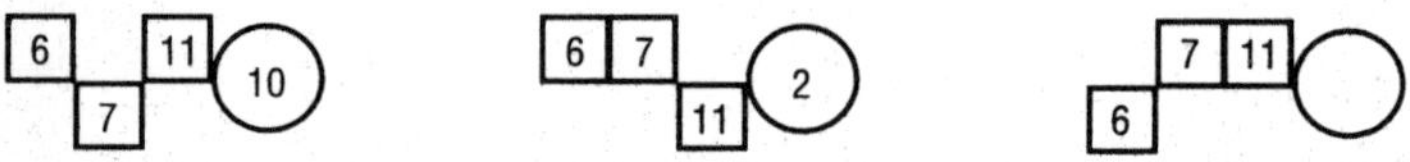

ZB 14.

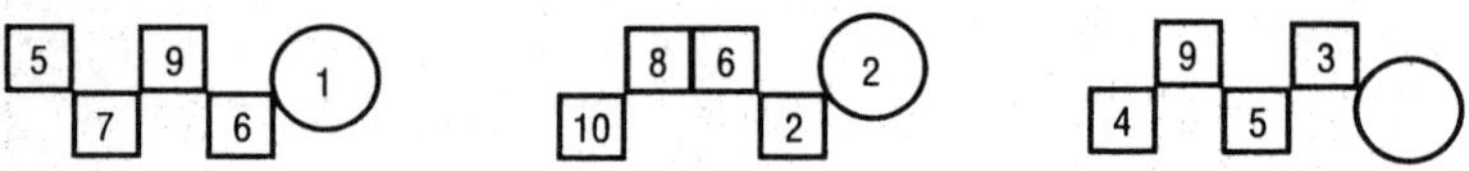

Zahlenrelationen

In jeder Zeile stehen die drei Zahlen links in derselben Weise zueinander in Beziehung wie die drei Zahlen rechts. Tragen Sie rechts die fehlende mittlere Zahl ein.

Beispiel: 2 (6) 3 : : 3 (12) 4

ZB 15. 4 (11) 7 : : 8 (...) 5
ZB 16. 3 (12) 4 : : 2 (...) 5
ZB 17. 661 (122) 295 : : 514 (...) 121
ZB 18. 205 (111) 239 : : 176 (...) 124
ZB 19. 784 (112) 336 : : 968 (...) 363

Tortendiagramme I

Die Zahlen in den Tortenstücken bilden Paare oder Reihen, die nicht unbedingt im Uhrzeigersinn angeordnet sind. Tragen Sie die fehlende Zahl in das leere Segment ein.

Beispiel:

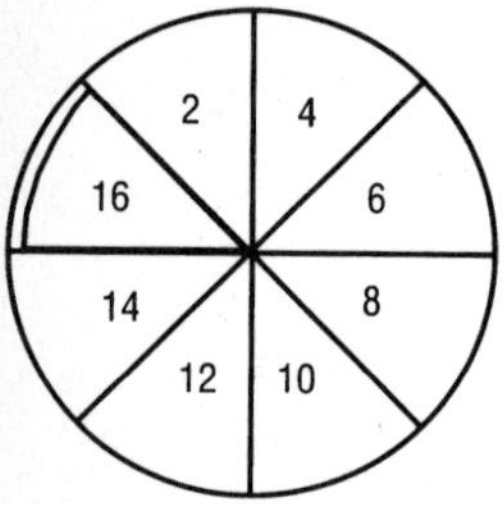

ZB 20.

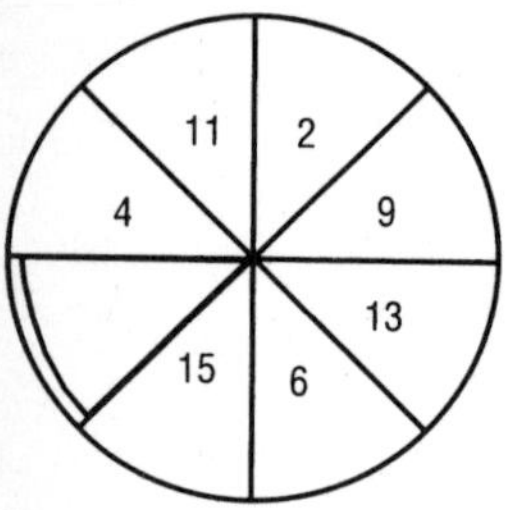

ZB 21.

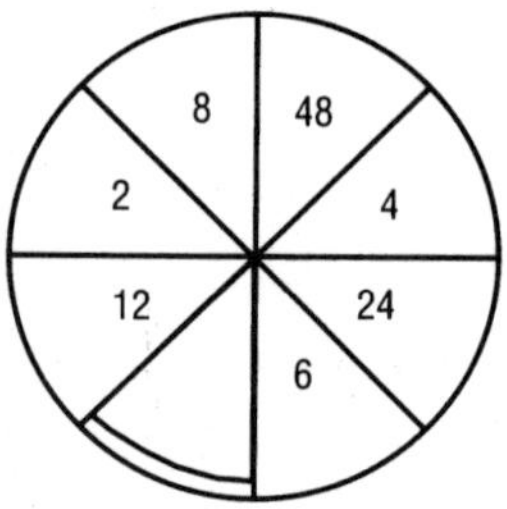

Zahlenreihen II

Jede Zahlenreihe folgt einer bestimmten Regel. Tragen Sie in die Klammern am Ende jeder Zeile die Zahl ein, die die Reihe logisch fortführt.

ZU 22. 52, 45, (...), 31
ZB 23. 43, 35, (...), 19
ZB 24. 416, 390, (...), 338
ZB 25. 92, 79, (...), 53
ZB 26. 1, 5, 13, (...), 61

Zahlenfelder I

In jedem der Quadrate folgen die waagrecht und senkrecht angeordneten Zahlen einfachen arithmetischen Regeln. Ergänzen Sie die fehlende Zahl in dem leeren Kästchen.

Beispiel:

1	2	3
3	4	5
5	6	7

ZB 27.

3	4	7
7	5	12
10	9	

ZB 28.

2	5	10
6	3	18
12	15	

Dreiecke und Quadrate

Die Zahlen in den Quadraten folgen einer bestimmten Regel, nach der die Zahl im Dreieck ermittelt wird. In jeder Reihe gilt die gleiche Regel, aber die Regeln unterscheiden sich von Reihe zu Reihe. Tragen Sie in jeder Reihe die fehlende Zahl in das Dreieck ein.

Beispiel:

Quadrate	Dreieck	Quadrate	Dreieck	Quadrate	Dreieck
2 2 1	3	5 4 1	8	1 1 1	1

ZB 29.

Quadrate	Dreieck	Quadrate	Dreieck	Quadrate	Dreieck
2 4 3	3	5 7 8	4	4 5 8	

ZB 30.

Quadrate	Dreieck	Quadrate	Dreieck	Quadrate	Dreieck
3 4 8	4	2 5 4	6	4 5 9	

ZB 31.

Quadrate	Dreieck	Quadrate	Dreieck	Quadrate	Dreieck
5 4 7	8	6 9 8	5	3 7 5	

ZB 32.

Quadrate	Dreieck	Quadrate	Dreieck	Quadrate	Dreieck
2 4 7	15	3 6 2	20	2 5 2	

ZB 33.

Quadrate	Dreieck	Quadrate	Dreieck	Quadrate	Dreieck
4 6 3	8	6 10 5	12	4 8 2	

Tragen Sie die fehlenden Zahlen in die freigelassenen Quadrate ein.

ZB 34.

3	11	8
4	9	5
5	12	

ZB 35.

9	4	3
18	3	9
12	4	

Regeln und Figuren

Aus den Figuren lassen sich arithmetische Regeln ablesen, nach denen die Zahlen angeordnet sind. In jeder Reihe ergeben die Zahlen in den Figuren die Zahl in der offen gelassenen Lücke. Tragen Sie hier in jeder Reihe die fehlende Zahl ein.

Beispiel:

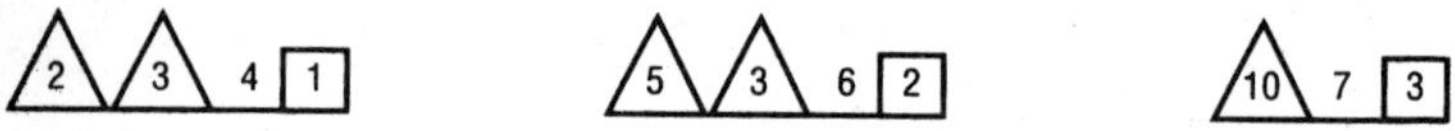

ZB 36.

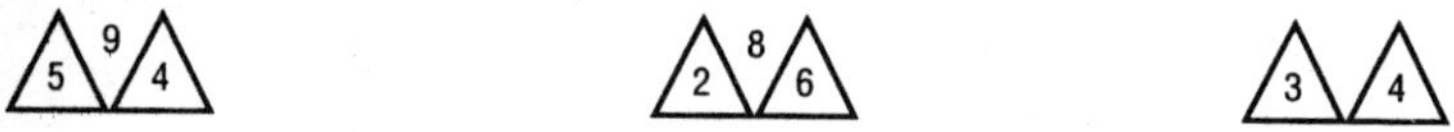

ZB 37.

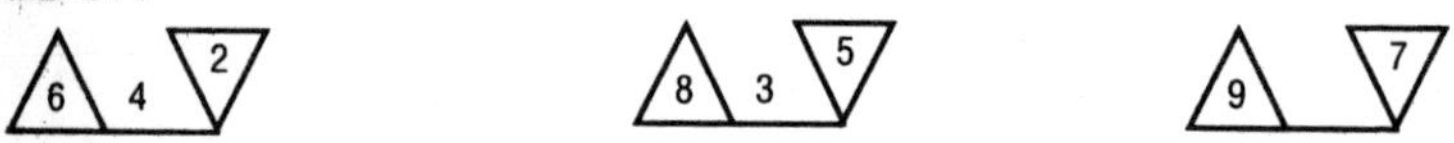

ZB 38.

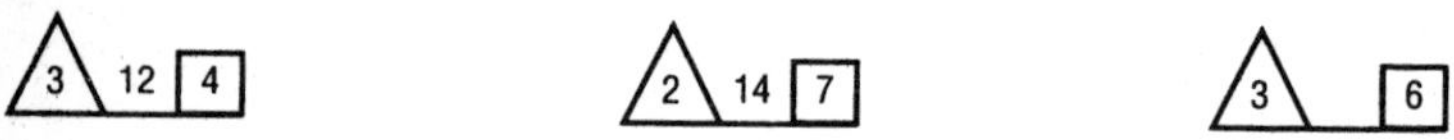

ZB 39.

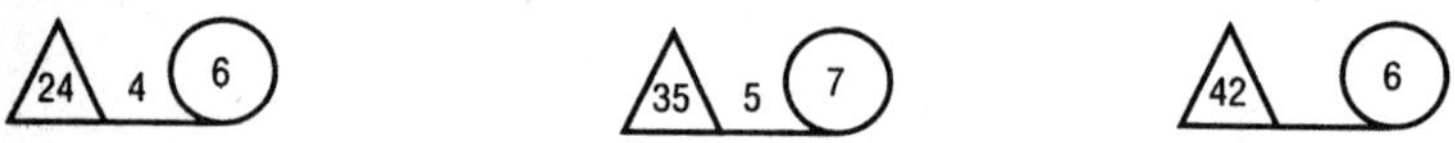

ZB 40.

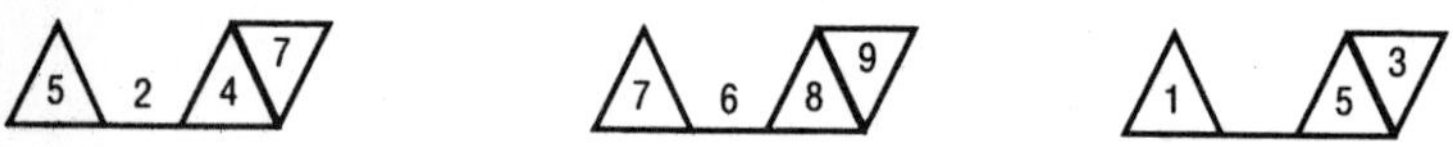

ZB 41.

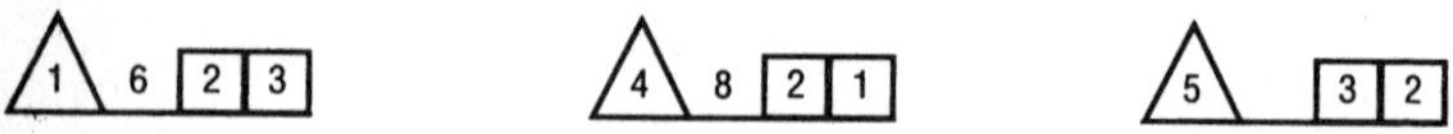

Füllen Sie die fehlende Zahl in das freigelassene Segment ein.

ZB 42.

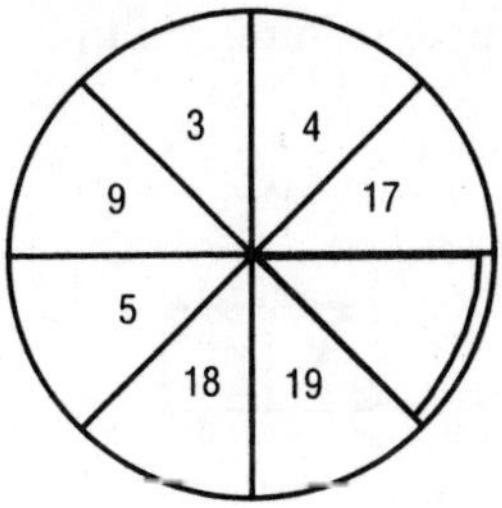

ZB 43.

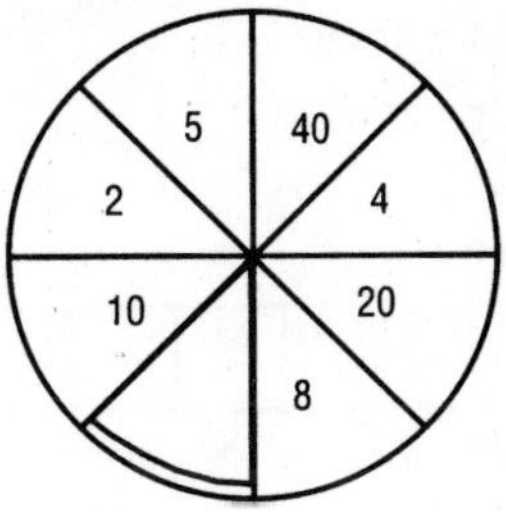

Doppelquadrate

Die Zahlen jeder Reihe bilden eine logische Folge. Schreiben Sie die beiden Zahlen, die die Serie fortsetzen, in die freigelassenen Quadrate. Im Beispiel wird zur Zahl im linken Quadrat bei jedem Schritt 1 addiert und die Zahl im rechten Quadrat mit 2 multipliziert.

Beispiel:

1	2	2	4	3	8	4	16

ZB 44.

3	4	4	6	5	8		

ZB 45.

2	8	3	12	4	16		

ZB 46.

5	7	4	8	3	9		

ZB 47.

49	7	36	6	25	5		

ZB 48.

1	2	3	4	7	8		

ZB 49. Wenn $75 \times 48 = A \times A$, dann ist A (…).

ZB 50. Wenn $84 \times 18 \times 49 = B \times B \times B$, dann ist B (…).

Ende des Tests. Überprüfen Sie Ihre Arbeit, bis Ihre Zeit um ist. Die Auflösungen finden Sie auf den Seiten 120 und 121.

FIGURENTEST

Für den Übungstest wird kein Zeitlimit festgelegt, arbeiten Sie aber, so schnell Sie können. Die Auflösungen finden Sie im Anschluss an Frage 17 des Übungstests auf Seite 89.

Drehfiguren

Unterstreichen Sie in jeder Reihe die beiden Figuren, die gedreht die gleiche Figur darstellen.

Beispiel:

FÜ 1.

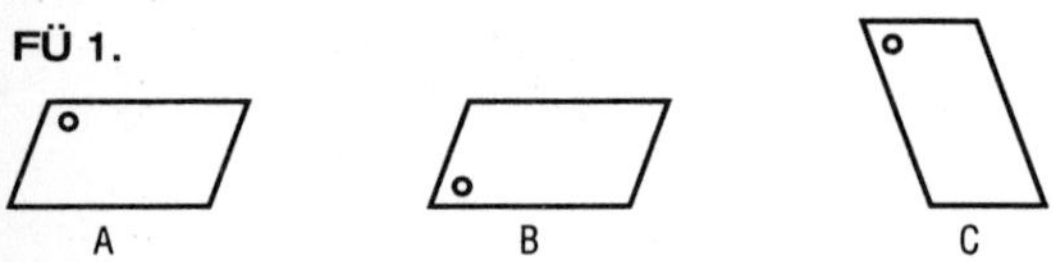

FÜ 2.

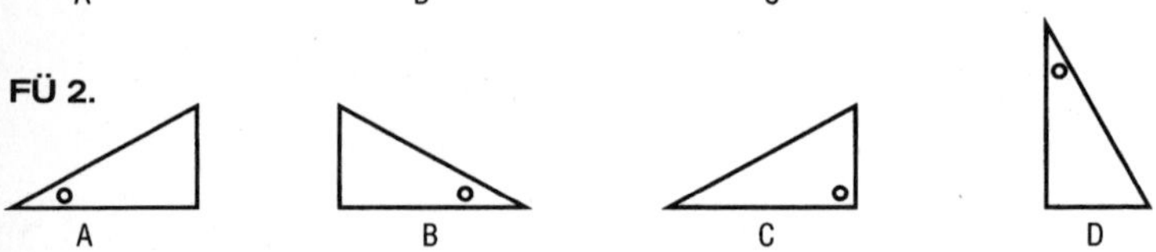

Spiegelbilder

In jeder Reihe stellen zwei der abgebildeten Formen Spiegelbilder derselben Figur dar. Unterstreichen Sie das Paar.

Beispiel:

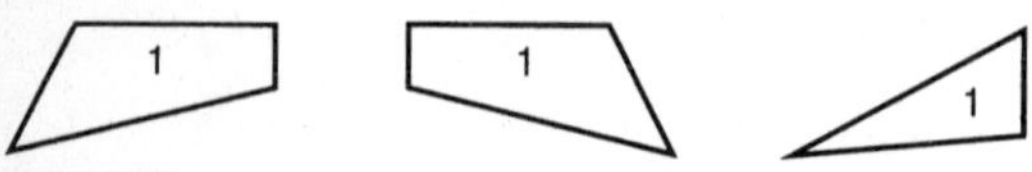

FÜ 3.

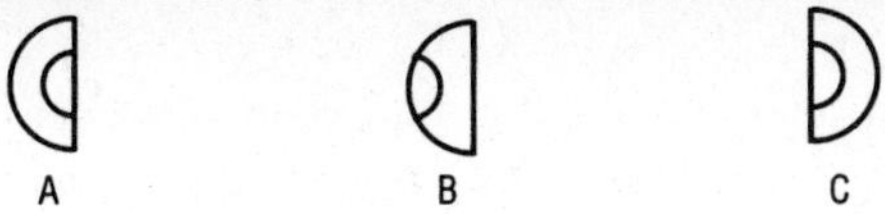

FÜ 4.

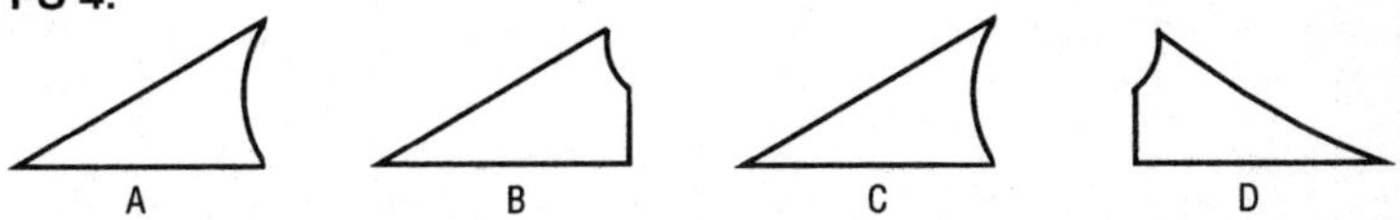

Gedrehte Spiegelbilder

Stellen Sie sich vor, die Formen unten auf dieser Seite seien durchsichtige Folien mit einer dicken schwarzen Linie entlang einer Kante und einem Punkt in einer Ecke. Betrachten Sie nun zuerst genau die einzelne Figur links. Wenn man sie vom Papier abnehmen würde, umdrehen, wieder auf das Papier legen und um 180 Grad drehen würde, sieht sie aus wie eine der mit Buchstaben markierten Abbildungen dahinter. Tragen Sie in den Kreis am Ende jeder Reihe den Buchstaben für die gesuchte Figur ein.

Beispiel:

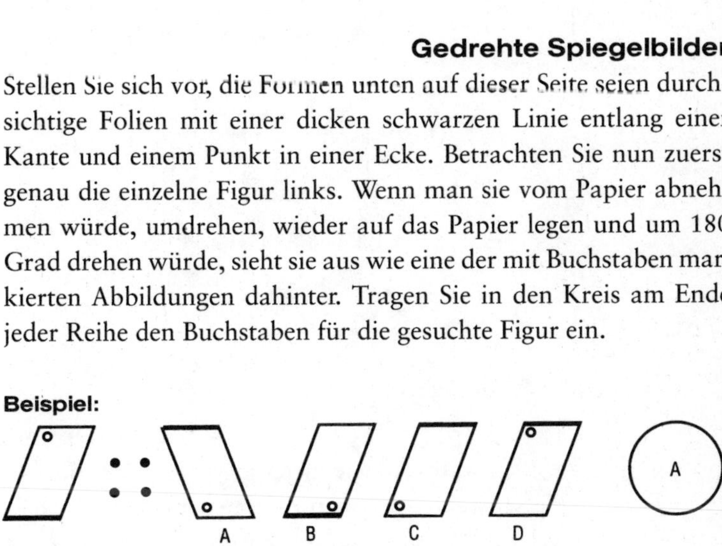

FÜ 5.

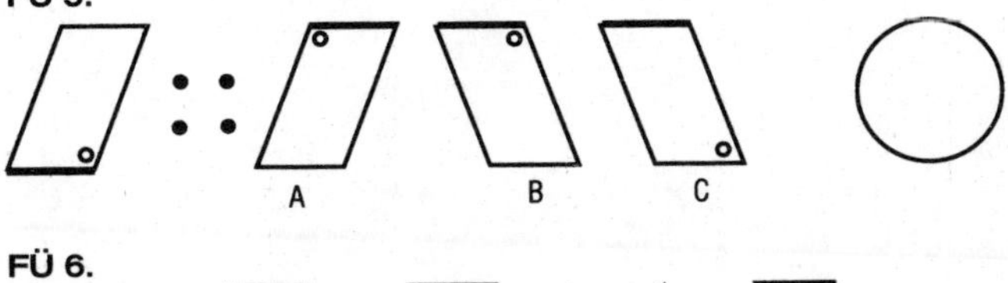

FÜ 6.

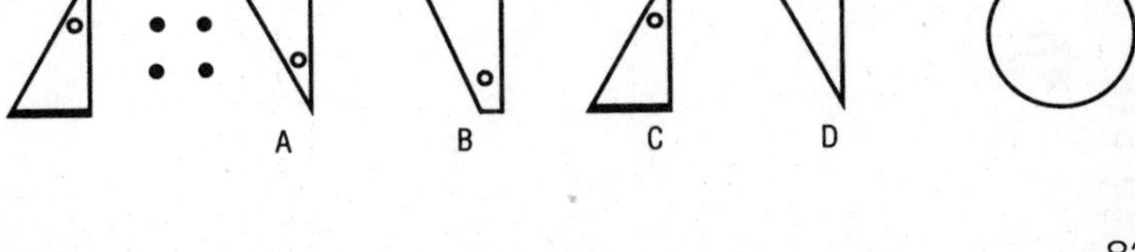

Drehscheibe

Zwei der drei Figuren links in jeder Reihe stellen die gleiche Figur in zwei verschiedenen Positionen dar – wie auf einer Töpferscheibe gedreht, aber nicht umgekehrt. Unterstreichen Sie die beiden Figuren auf der rechten Seite, die Varianten des Paars auf der linken Seite sind.

Beispiel:

FÜ 7.

FÜ 8.

Figuren legen

Aus den drei mit Buchstaben bezeichneten Formen in der oberen Reihe können die schwarzen Formen darunter gebildet werden. Tragen Sie den oder die Buchstaben der Formen in die Klammer ein, mit denen man die schwarzen Figuren legen kann.

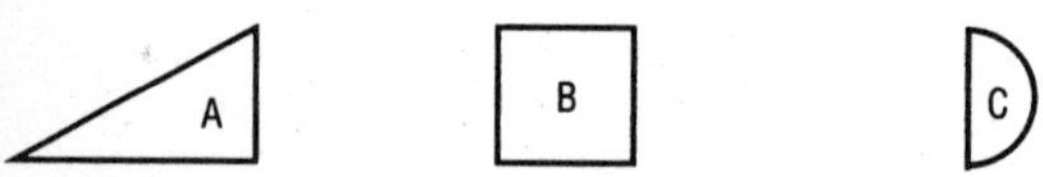

Beispiel:

(A)

FÜ 9.

(______)

FÜ 10.

(______)

Figurenfolge

Die Figuren links bilden eine Reihe. Welche der mit Buchstaben bezeichneten Figuren rechts führt diese Reihe fort? Tragen Sie den Buchstaben der Figur in den Kreis ein.

Beispiel:

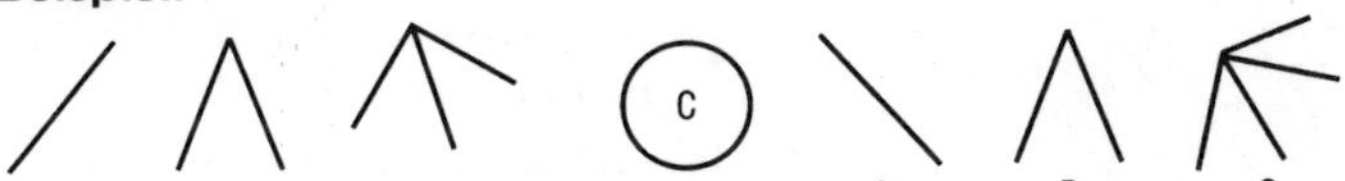

A B C

FÜ 11.

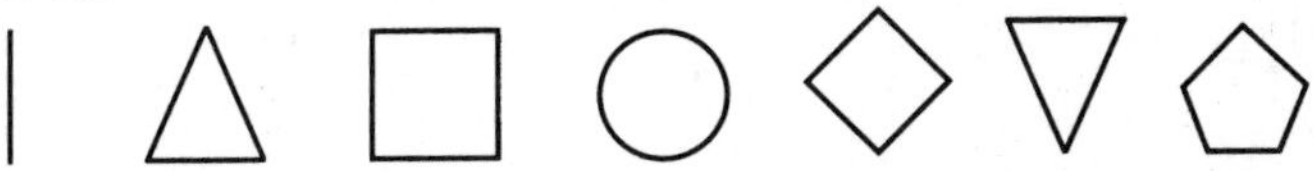

A B C

FÜ 12.

A B C D

Berührungsflächen

Die Zeichnungen unten zeigen Stapel fester Blöcke, die alle die gleiche Größe und Form haben. Ein frei stehender Block ist deutlich als solcher dargestellt. Manche Blöcke sind beschriftet. Schreiben Sie in die Spalte neben den Buchstaben, wie viele Blöcke die mit Buchstaben bezeichneten Blöcke mit einer ganzen Seite berühren. Im Beispiel berühren die Blöcke A und B jeweils drei Blöcke. Beginnen Sie nun mit FÜ 13 und tragen Sie rechts ein, wie viele Seiten mit den Blöcken A, B und C Kontakt haben.

Beispiel:

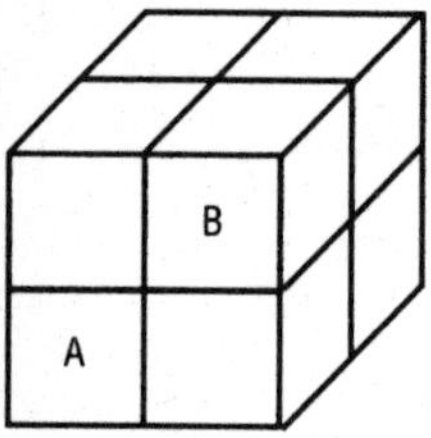

A	3
B	3

FÜ 13.

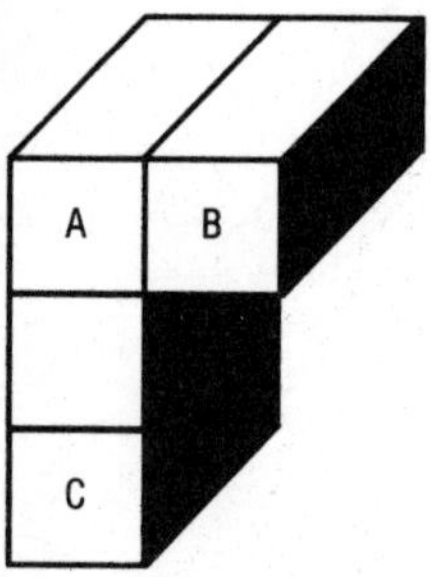

A	
B	
C	

Würfel visualisieren

Auf unterschiedlichen Seiten der Würfel wurden Markierungen eingezeichnet. Jede Markierung erscheint nur auf einem einzigen Würfel. Immer zwei Seiten jedes Würfels sind freigelassen. In jeder Reihe zeigen einige Zeichnungen denselben Würfel in einer anderen Position. Wenn die Möglichkeit besteht, dass es sich um denselben Würfel handelt, dann gehen Sie davon aus, dass es so ist. Tragen Sie in den Kreis am Ende jeder Reihe ein, wie viele unterschiedliche Würfel mindestens in der Reihe dargestellt sind. Im Beispiel zeigen die zweite und dritte Zeichnung denselben um 90 Grad gedrehten Würfel.

Beispiel:

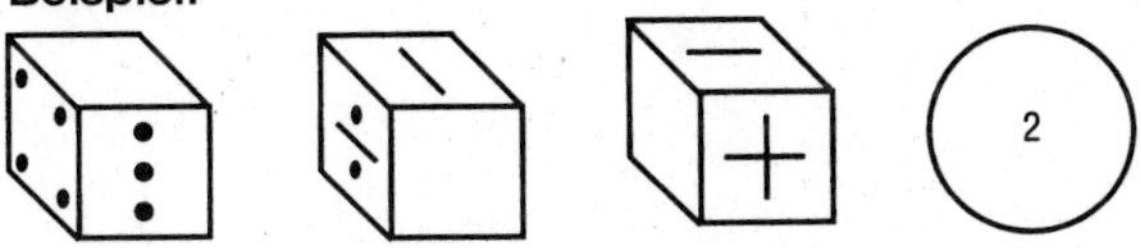

FÜ 14.

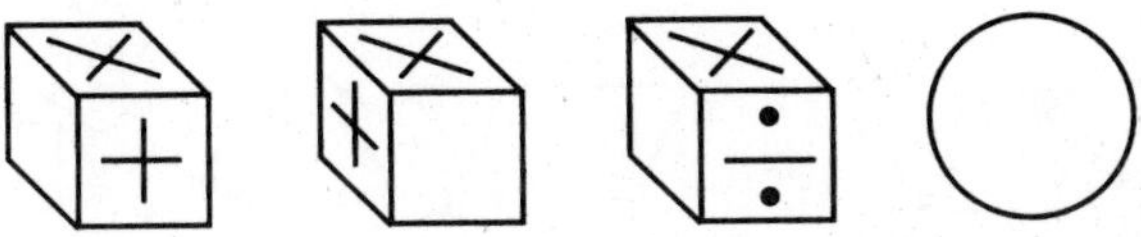

FÜ 15.

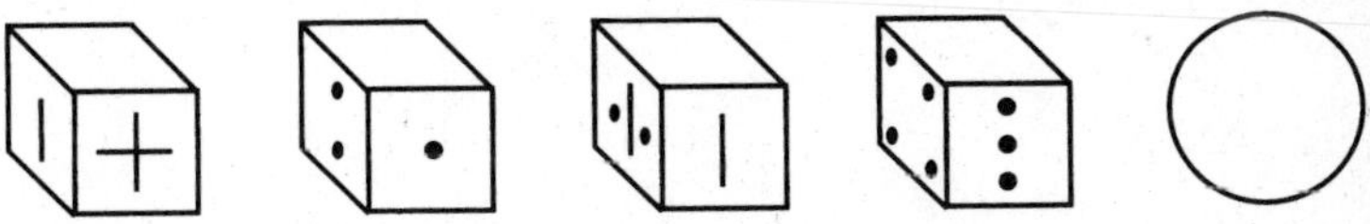

Analogien

In jeder Reihe verhält sich die erste Figur zu der zweiten auf dieselbe Weise wie die dritte Figur zu einer vierten. Unterstreichen Sie auf der rechten Seite jeweils die Zeichnung, die die gesuchte Figur darstellt.

Beispiel:

1 verhält sich zu 2 wie 3 zu …

1 2 3 4 5 6

FÜ 16. 1 verhält sich zu 2 wie 3 zu …

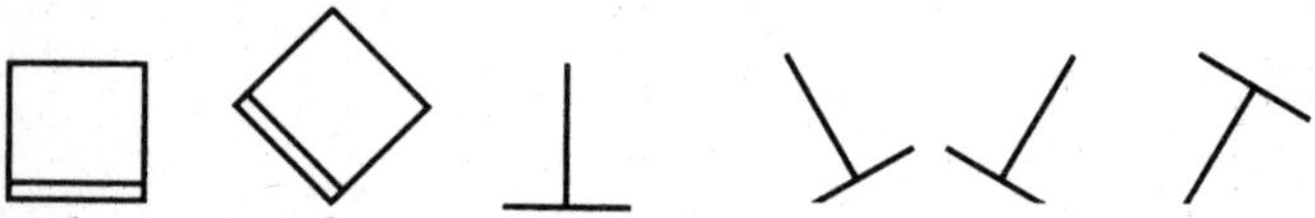

1 2 3 4 5 6

FÜ 17. 1 verhält sich zu 2 wie 3 zu …

1 2 3 4 5 6 7 8

Ende des Übungstests.

FÜ 1: B, C. **FÜ 2:** A, D. **FÜ 3:** A, C. **FÜ 4:** B, D. **FÜ 5:** B. **FÜ 6:** A. **FÜ 7:** A, B. **FÜ 8:** B, D. **FÜ 9:** A. **FÜ 10:** A, B, C. **FÜ 11:** C (eine Linie hat zwei Punkte, ein Dreieck drei, ein Quadrat vier und ein Fünfeck fünf). **FÜ 12:** D (der Punkt bewegt sich im Uhrzeigersinn durch die aufeinander folgenden Quadranten). **FÜ 13:** A2, B1, C1. **FÜ 14:** 1. **FÜ 15:** 2 (die erste und dritte Zeichnung zeigen denselben Würfel, die zweite und vierte Zeichnung einen anderen). **FÜ 16:** 5 (die Figuren wurden um 45 Grad nach rechts gedreht). **FÜ 17:** 8 (die Umrisse der zweiten und vierten Figur wurden um 45 Grad gedreht und die Figuren auf den Kopf gestellt).

Sie haben eine halbe Stunde Zeit für die fünfzig Fragen. Halten Sie sich genau an diese Vorgabe. Die Auflösungen finden Sie auf Seite 122.

Drehfiguren

Unterstreichen Sie in jeder Reihe die beiden Figuren, die gedreht die gleiche Figur darstellen.

Beispiel:

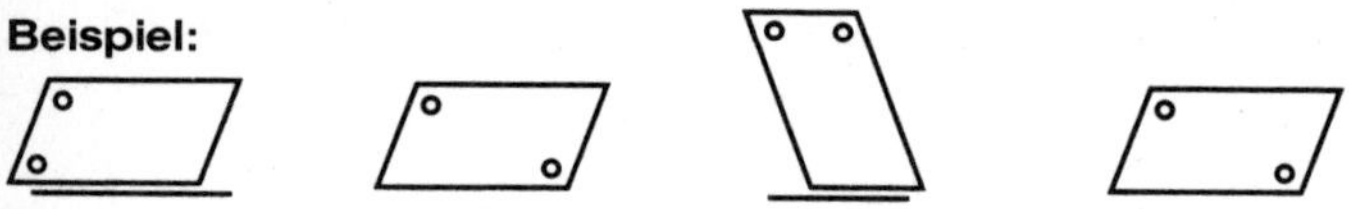

FA 1.

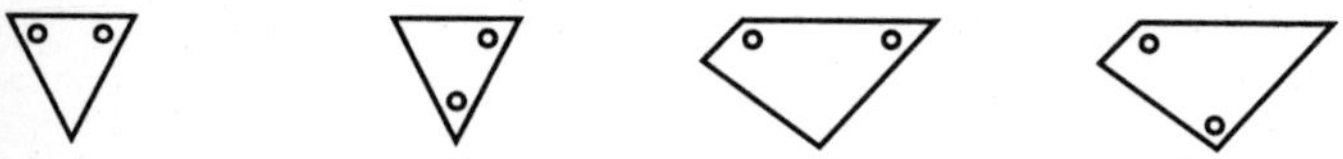

A B C D

FA 2.

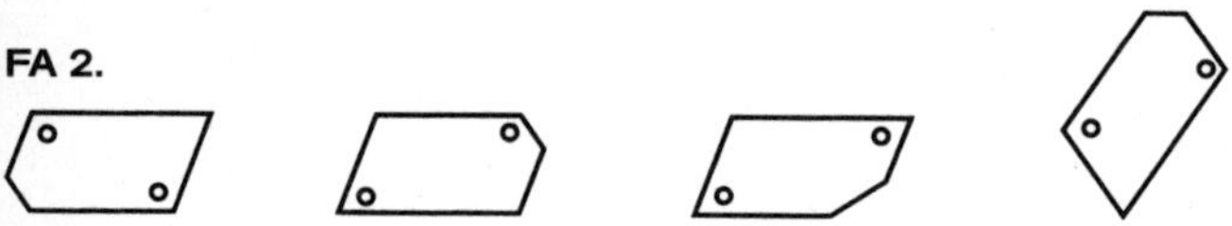

A B C D

FA 3.

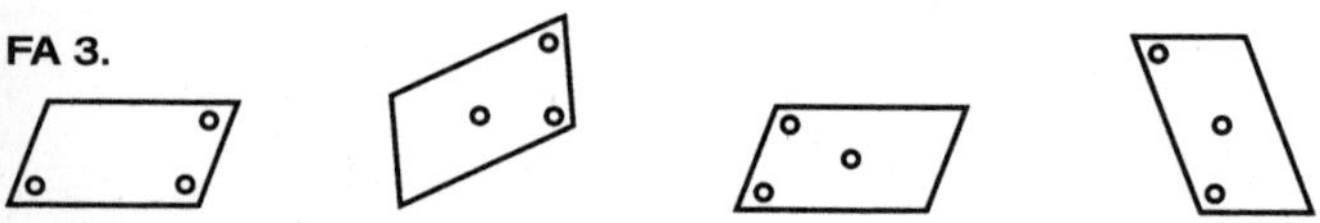

A B C D

FA 4.

A B C D

FA 5.

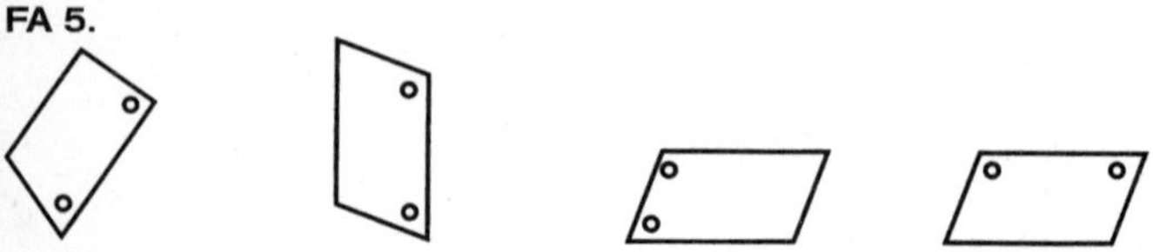

A B C D

Spiegelbilder

In jeder Reihe stellen zwei der abgebildeten Formen Spiegelbilder derselben Figur dar. Unterstreichen Sie das Paar.

Beispiel:

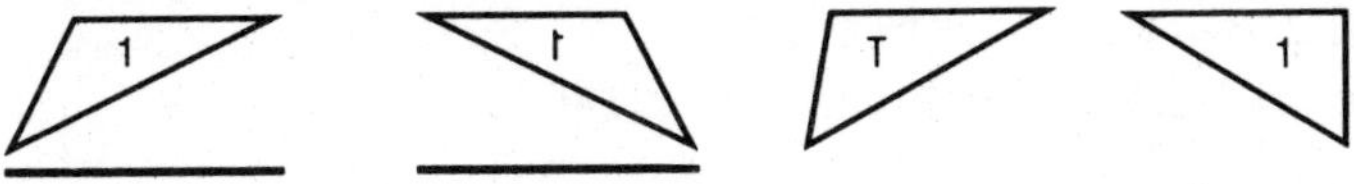

FA 6.

A B C D

FA 7.

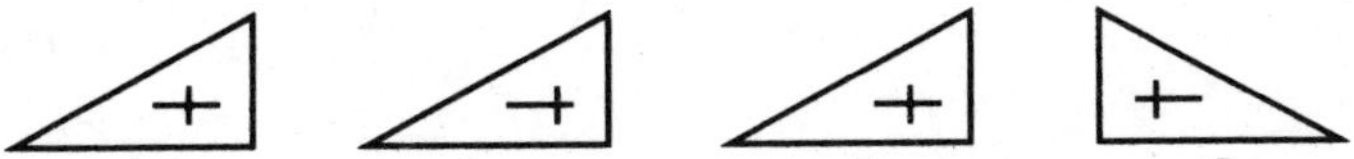

A B C D

FA 8.

A B C D

FA 9.

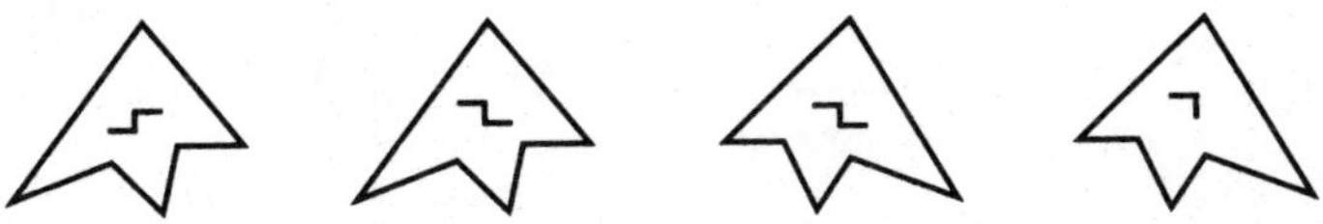

A B C D

FA 10.

A B C D

Gedrehte Spiegelbilder

Stellen Sie sich vor, die Formen auf dieser Seite seien durchsichtige Folien mit einer dicken schwarzen Linie entlang einer Kante und einem Punkt in einer Ecke. Eine der rechten Figuren ist die gleiche wie die Figur links, aber umgedreht wie ein Pfannkuchen und dann auf den Kopf gestellt. Tragen Sie in den Kreis am Ende jeder Reihe ein, welcher Buchstabe die gesuchte Figur markiert.

Beispiel:

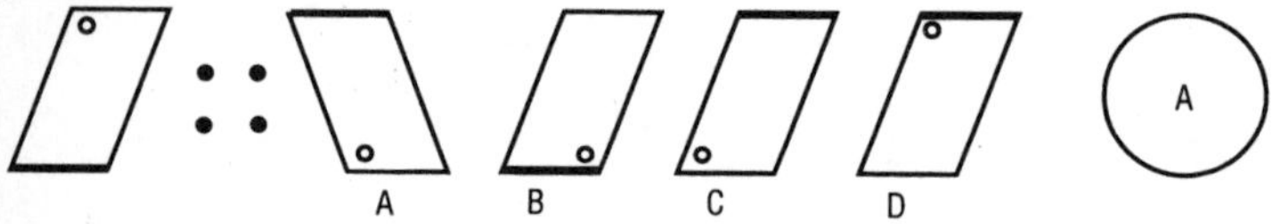

FA 11.

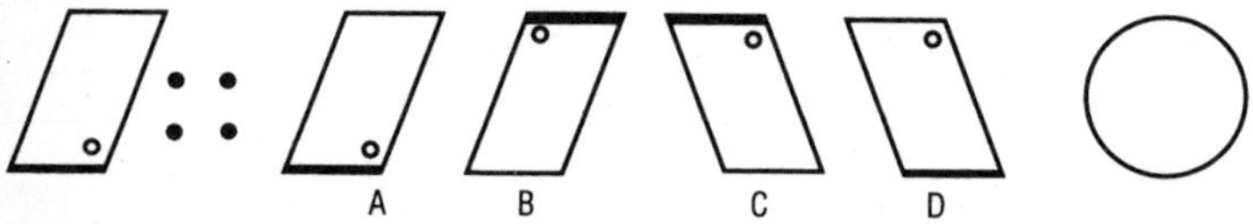

FA 12.

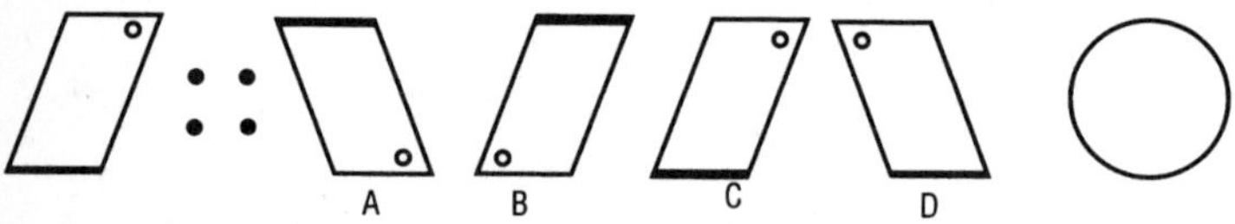

FA 13.

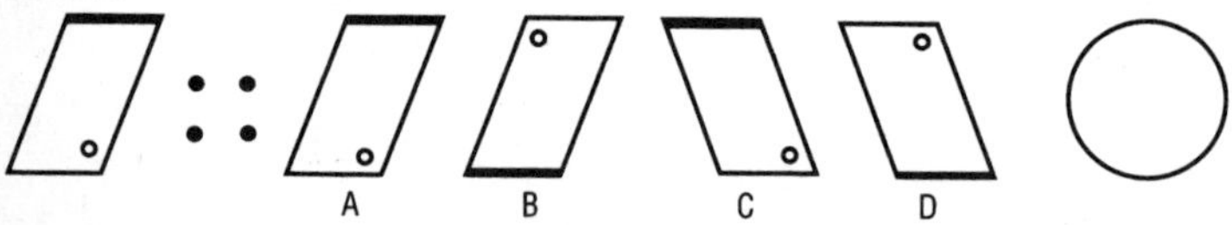

FA 14.

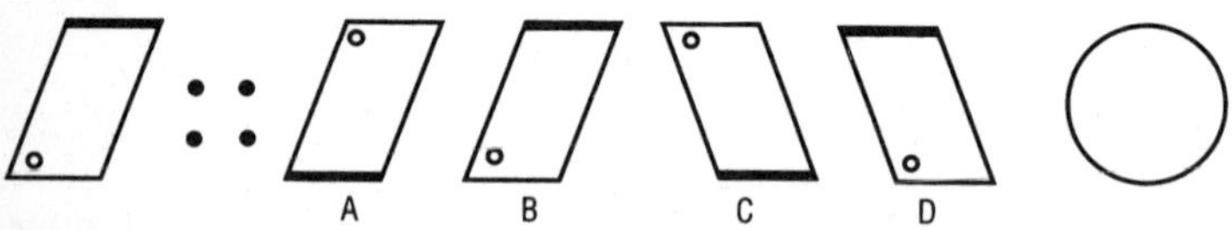

FA 15.

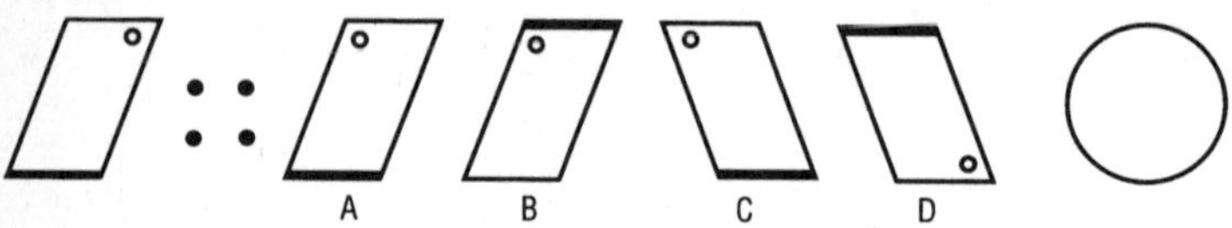

Drehscheibe

In jeder Reihe stellen zwei der drei Figuren links die gleiche Figur in verschiedenen Positionen dar – wie auf einer Töpferscheibe gedreht, aber nicht umgekehrt. Unterstreichen Sie die beiden Figuren auf der rechten Seite, die Varianten des Paars auf der linken Seite sind.

Beispiel:

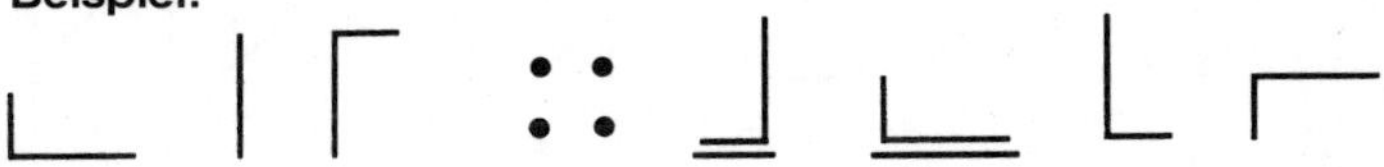

FA 16.

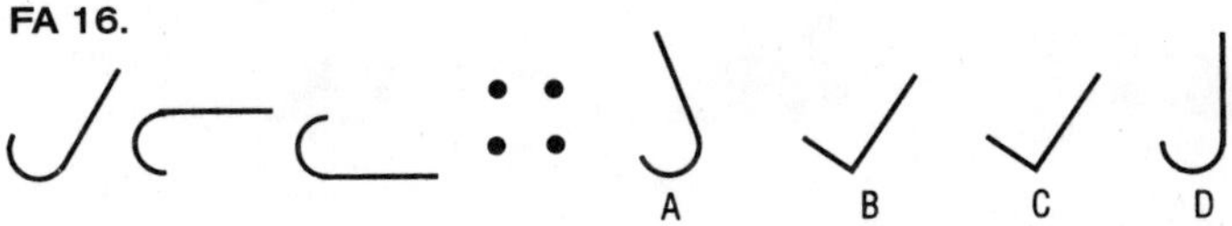

FA 17.

FA 18.

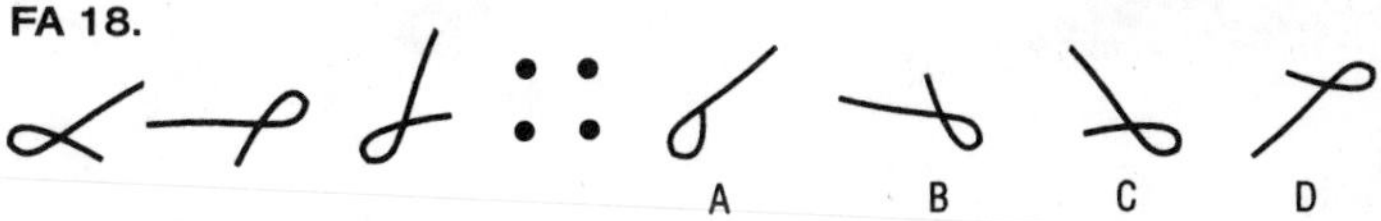

FA 19.

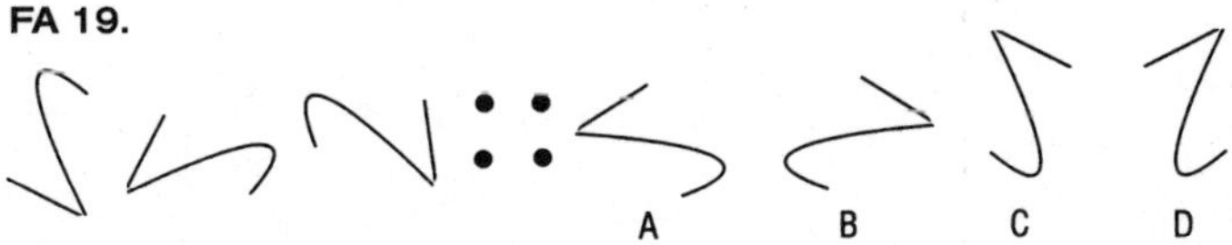

FA 20.

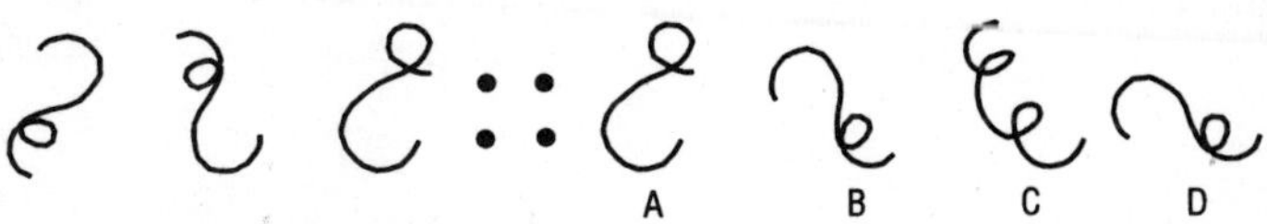

Figuren legen

Aus den mit Buchstaben bezeichneten Figuren in der oberen Reihe können die schwarzen Formen darunter gebildet werden. Tragen Sie den oder die Buchstaben in die Klammer ein, mit denen man die schwarzen Figuren legen kann.

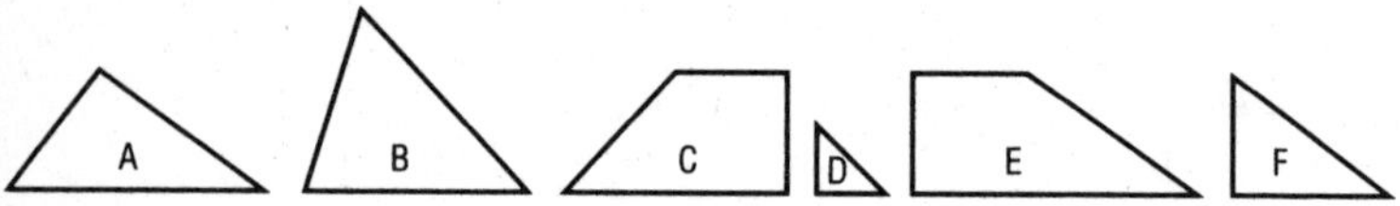

FA 21.

(____)

FA 22.

(____)

FA 23.

(____)

FA 24.

(____)

FA 25.

(____)

Figurenfolge

Die Figuren links bilden eine Reihe. Welche der mit Buchstaben bezeichneten Figuren rechts führt diese Reihe fort? Tragen Sie den Buchstaben der Figur in den Kreis ein.

Beispiel:

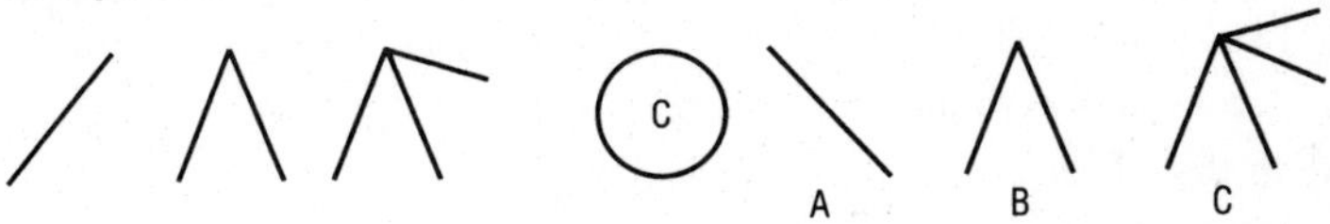

FA 26.

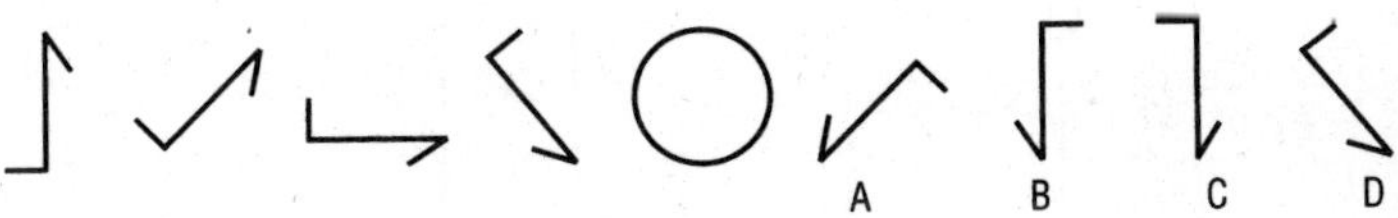

FA 27.

FA 28.

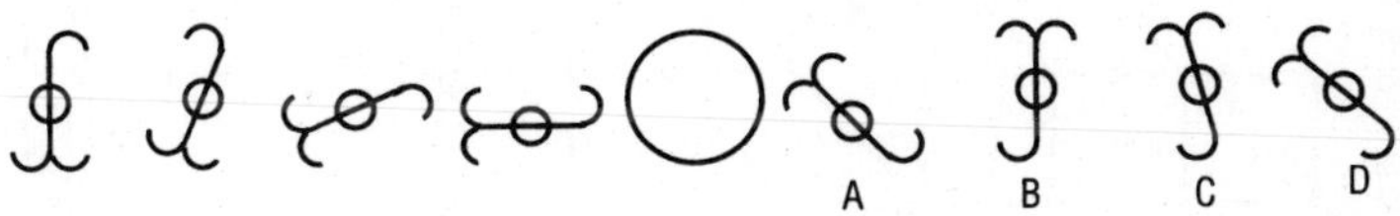

FA 29.

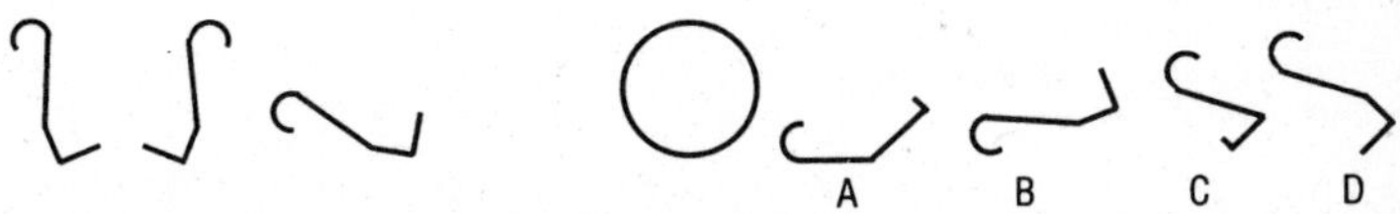

FA 30.

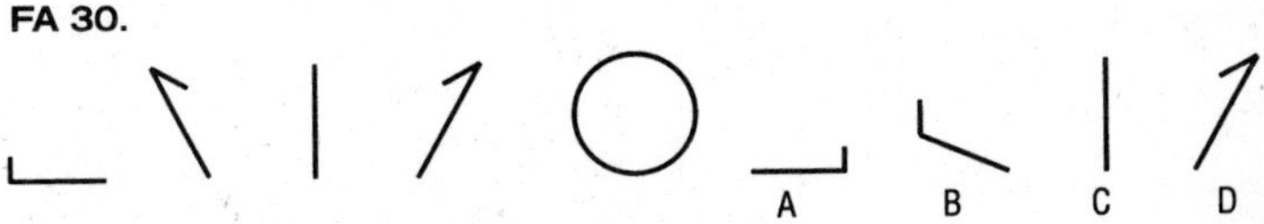

Die Zeichnungen unten zeigen Stapel fester Blöcke. Ein frei stehender Block ist deutlich als solcher dargestellt. Die Blöcke in jeder Zeichnung sind genau gleich groß. Schreiben Sie rechts in die freien Kästchen neben den Buchstaben, wie viele Blöcke die mit Buchstaben bezeichneten Blöcke mit einer ganzen Seite berühren. Für die beiden ersten Blöcke in FA 31 wurden als Beispiel die Zahlen bereits eingetragen: So berühren die Blöcke A und B jeweils drei andere Blöcke.

FA 31.

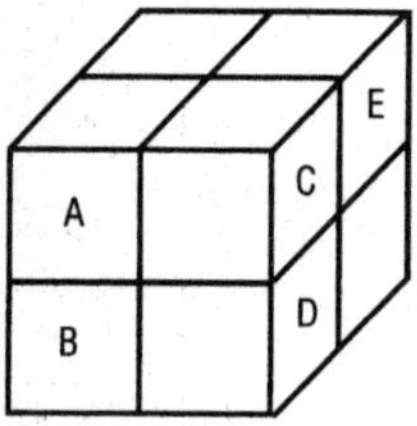

A	3	D	
B	3	E	
C			

FA 32.

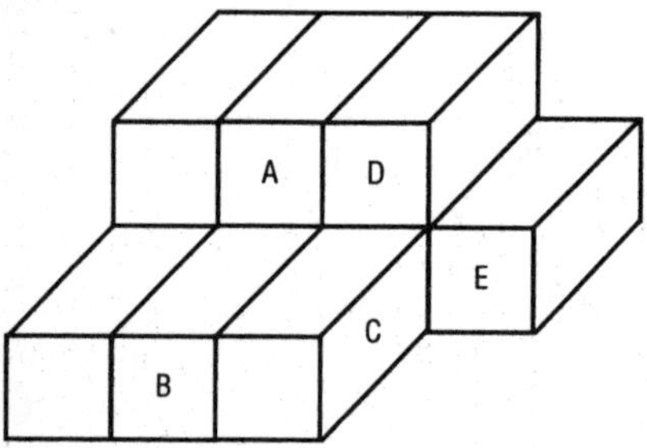

A		D	
B		E	
C			

FA 33.

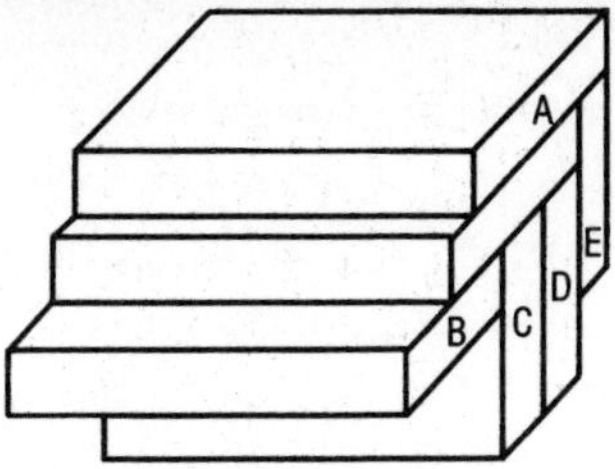

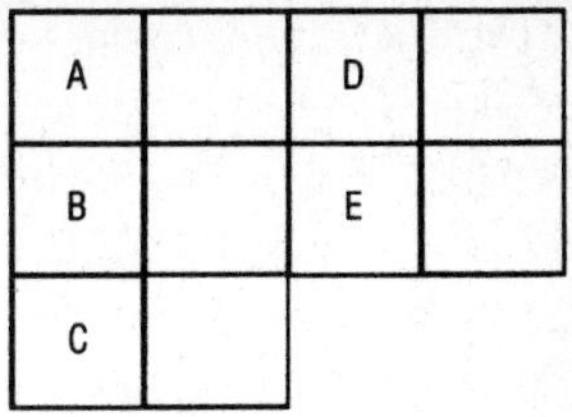

FA 34.

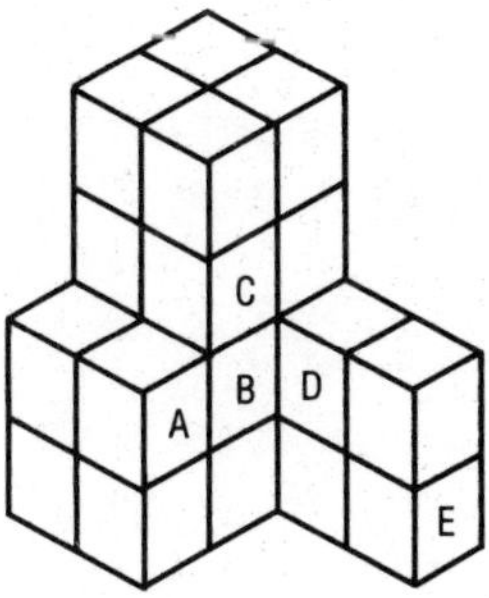

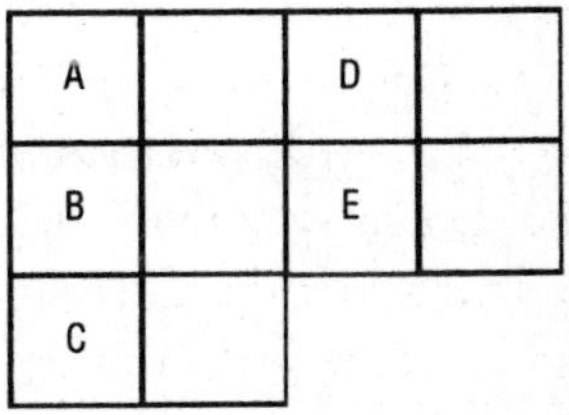

FA 35.

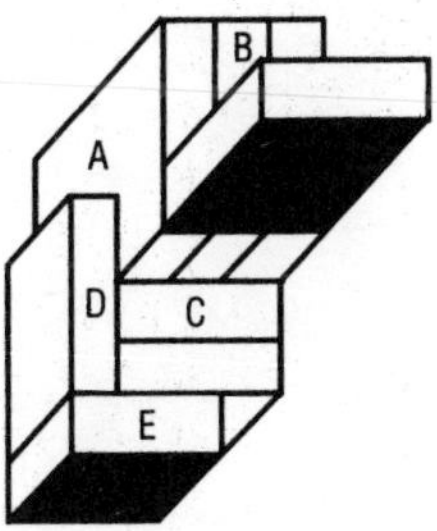

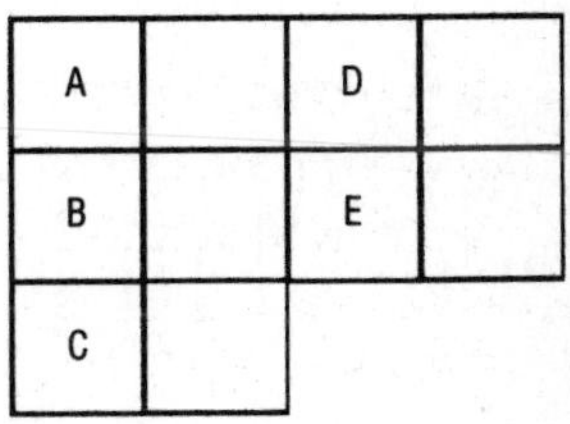

Würfel visualisieren

Auf unterschiedliche Seiten der Würfel wurden Markierungen eingezeichnet. Jede Markierung erscheint nur auf einem einzigen Würfel. Immer zwei Seiten jedes Würfels sind freigelassen. In jeder Reihe zeigen einige Zeichnungen denselben Würfel in einer anderen Position. Wenn es möglich ist, dass es sich um den gleichen Würfel handelt, gehen Sie davon aus, dass es so ist. Tragen Sie in den Kreis am Ende jeder Reihe ein, wie viele unterschiedliche Würfel mindestens in der Reihe dargestellt sind. Im Beispiel zeigen die zweite und dritte Zeichnung denselben Würfel gedreht.

Beispiel:

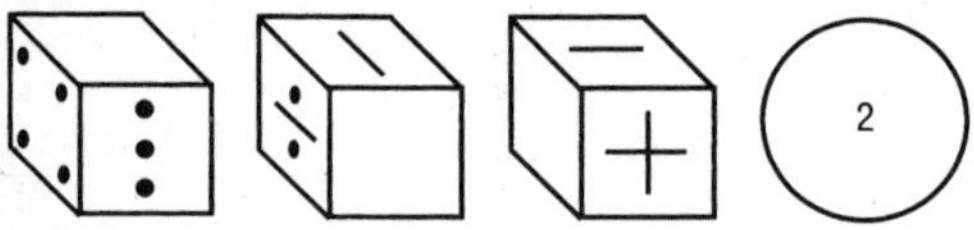

FA 36.

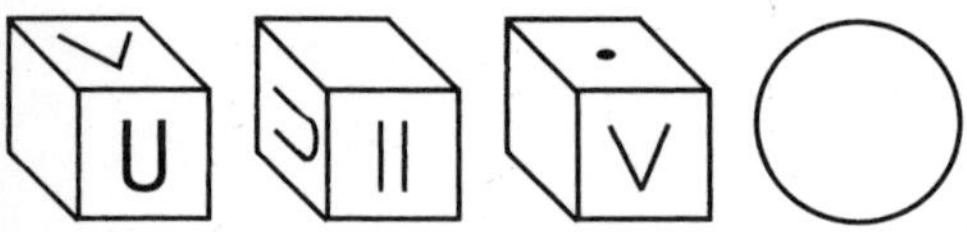

FA 37.

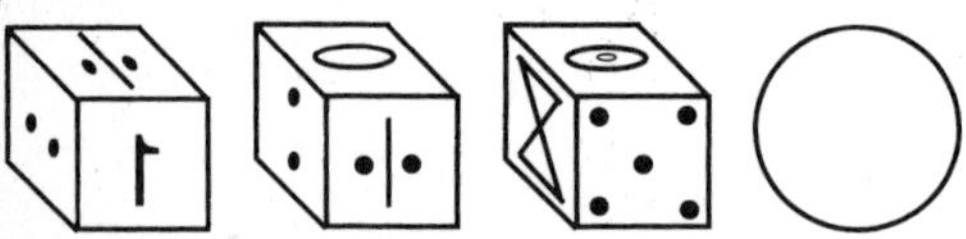

FA 38.

FA 39.

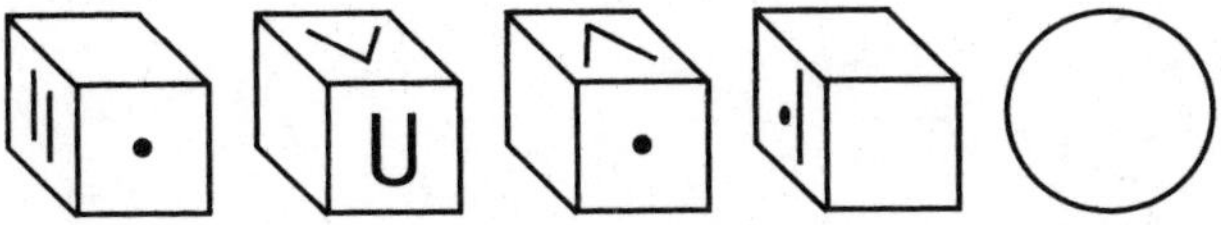

FA 40.

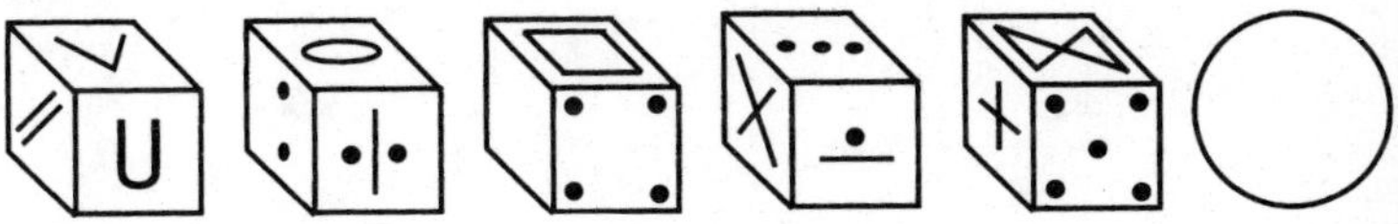

In jeder Reihe verhält sich die erste Figur zu der zweiten auf dieselbe Weise wie die dritte Figur zu einer vierten. Unterstreichen Sie auf der rechten Seite jeweils die Figur, die die gesuchte Figur darstellt.

Beispiel:

1 verhält sich zu 2 wie 3 zu …

1 2 3 4 5 6 7

FA 41. 1 verhält sich zu 2 wie 3 zu …

1 2 3 4 5 6 7

FA 42. 1 verhält sich zu 2 wie 3 zu …

ABCD	BDCA	XJQL	JLQX	XQLJ	JXLQ	QLJX
1	2	3	4	5	6	7

FA 43. 1 verhält sich zu 2 wie 3 zu …

1 2 3 4 5 6 7

FA 44. 1 verhält sich zu 2 wie 3 zu …

1 2 3 4 5 6 7

FA 45. 1 <u>verhält sich zu</u> 2 <u>wie</u> 3 <u>zu</u> ...

FA 46. 1 <u>verhält sich zu</u> 2 <u>wie</u> 3 <u>zu</u> ...

FA 47. 1 <u>verhält sich zu</u> 2 <u>wie</u> 3 <u>zu</u> ...

FA 48. 1 <u>verhält sich zu</u> 2 <u>wie</u> 3 <u>zu</u> ...

FA 49. 1 <u>verhält sich zu</u> 2 <u>wie</u> 3 <u>zu</u> ...

FA 50. 1 <u>verhält sich zu</u> 2 <u>wie</u> 3 <u>zu</u> ...

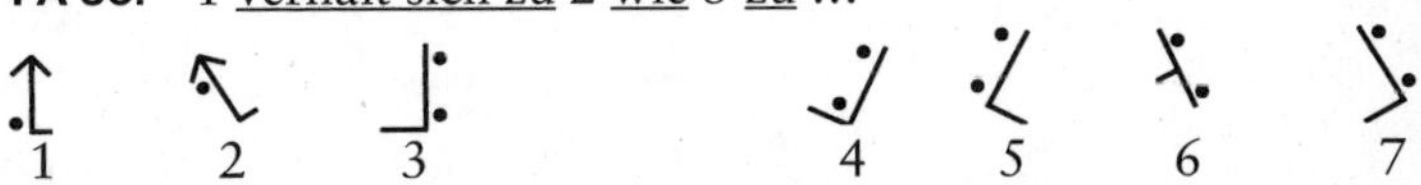

Ende des Tests. Überprüfen Sie Ihre Antworten, bis die Zeit um ist. Die Auflösungen finden Sie auf Seite 122.

Stoppen Sie genau die Zeit. Sie haben für die fünfzig Fragen eine halbe Stunde Zeit. Die Antworten finden Sie auf Seite 123.

Drehfiguren

Unterstreichen Sie in jeder Reihe die beiden Figuren, die gedreht die gleiche Figur darstellen.

Beispiel:

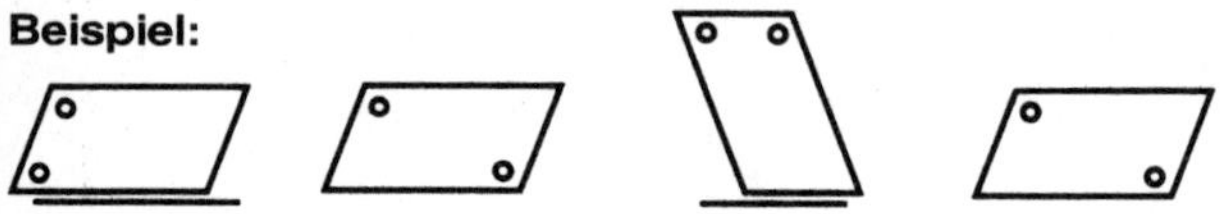

FB 1.

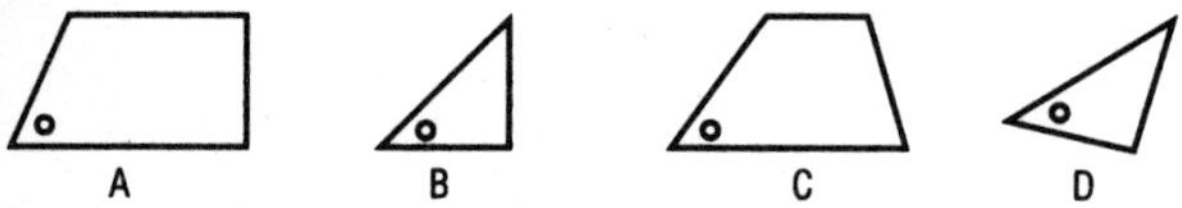

FB 2.

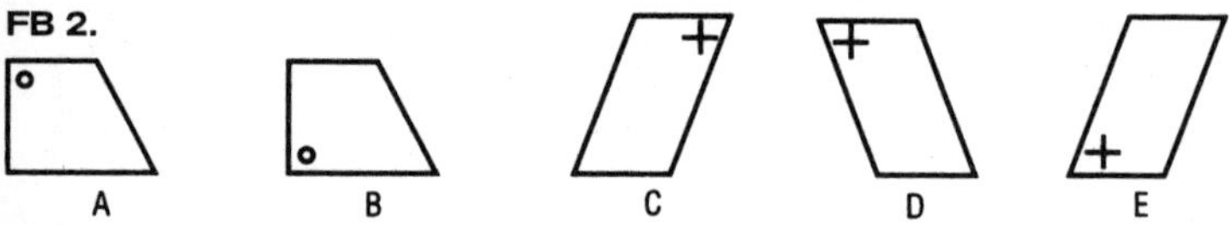

FB 3.

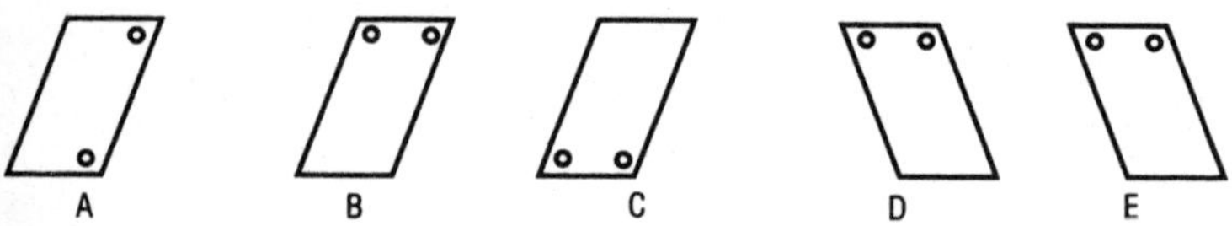

FB 4.

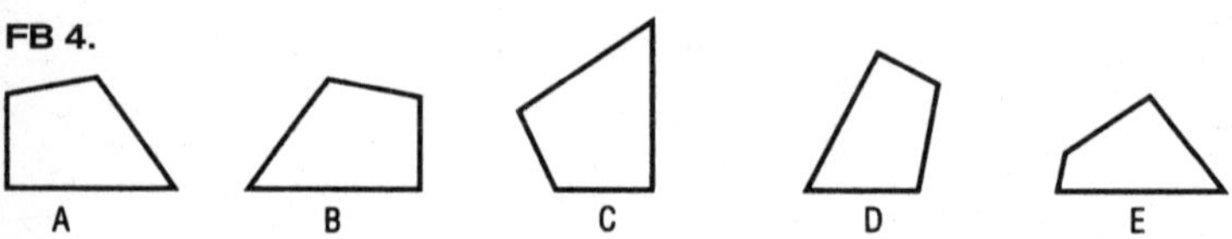

FB 5.

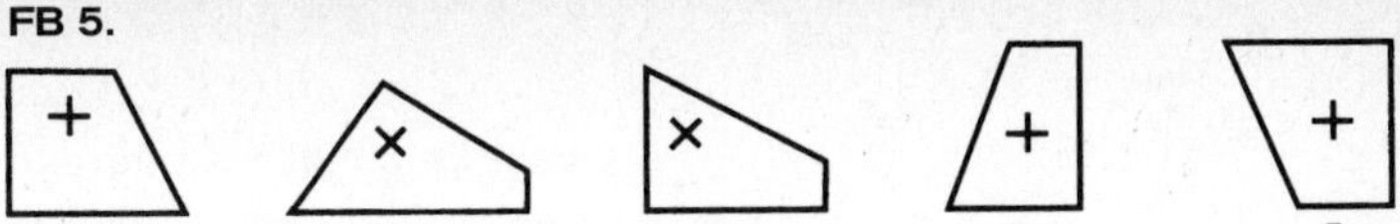

A B C D E

Spiegelbilder

In jeder Reihe stellen zwei der abgebildeten Formen Spiegelbilder derselben Figur dar. Unterstreichen Sie das Paar.

Beispiel:

FB 6.

A B C D

FB 7.

A B C D E

FB 8.

A B C D E

FB 9.

A B C D F

FB 10.

A B C D E

Gedrehte Spiegelbilder

Stellen Sie sich vor, die Formen auf dieser Seite seien durchsichtige Folien mit einer dicken schwarzen Linie entlang einer Kante und einem Punkt in einer Ecke. Eine der rechten Figuren ist die gleiche wie die Figur links, aber umgedreht wie ein Pfannkuchen und dann auf den Kopf gestellt. Tragen Sie in den Kreis am Ende jeder Reihe ein, welcher Buchstabe die gesuchte Figur markiert.

Beispiel:

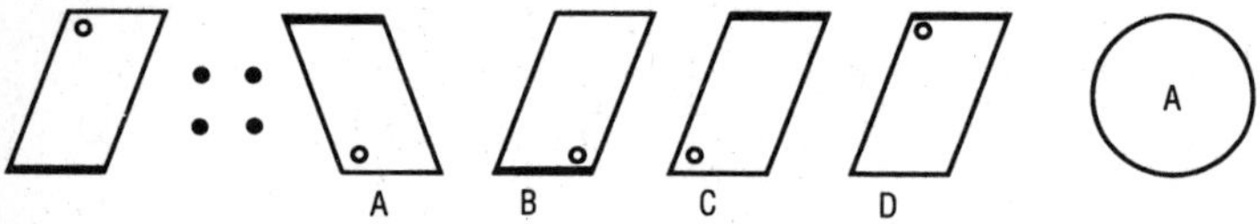

FB 11.

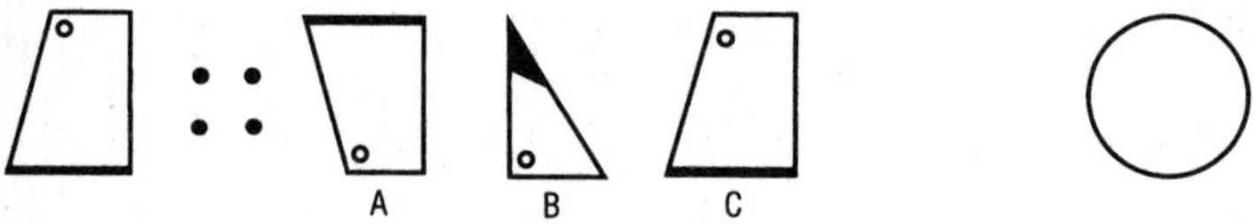

FB 12.

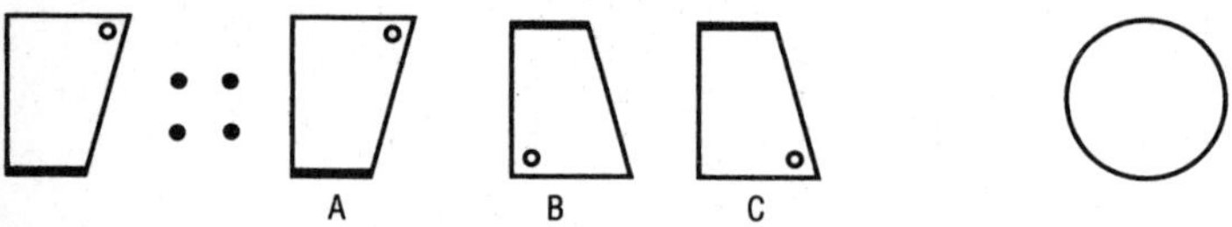

FB 13.

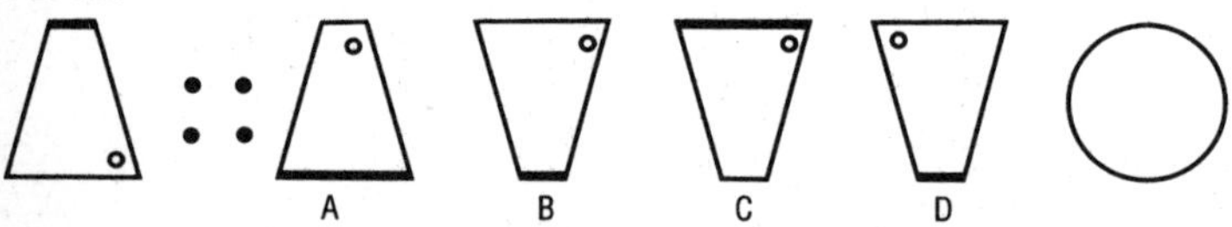

FB 14.

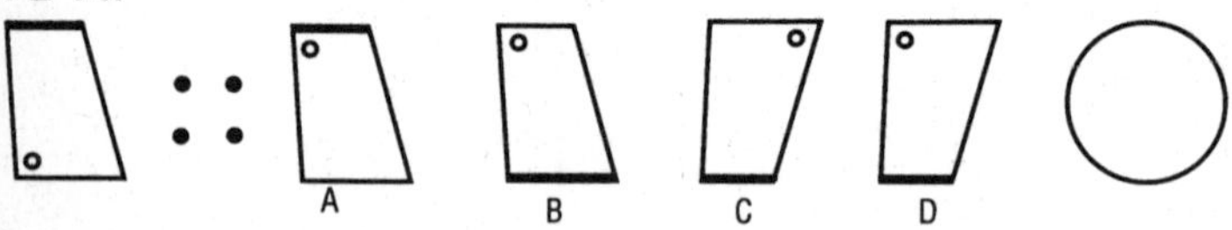

FB 15.

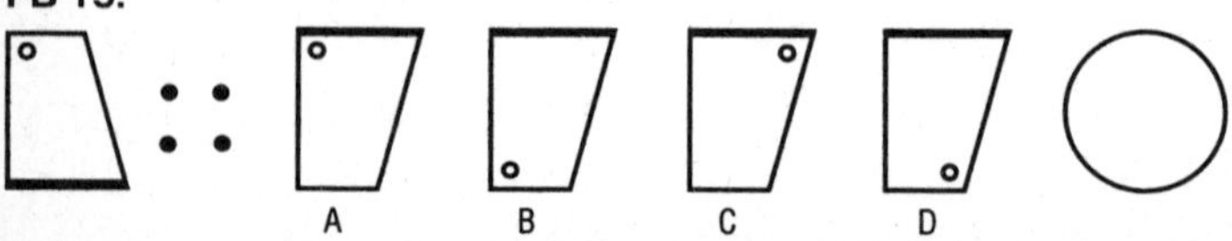

Drehscheibe

In jeder Reihe stellen zwei der drei Figuren links die gleiche Figur in verschiedenen Positionen dar – wie auf einer Töpferscheibe gedreht, aber nicht umgekehrt. Unterstreichen Sie die beiden Figuren auf der rechten Seite, die gedrehte Varianten des Paars auf der linken Seite sind.

Beispiel:

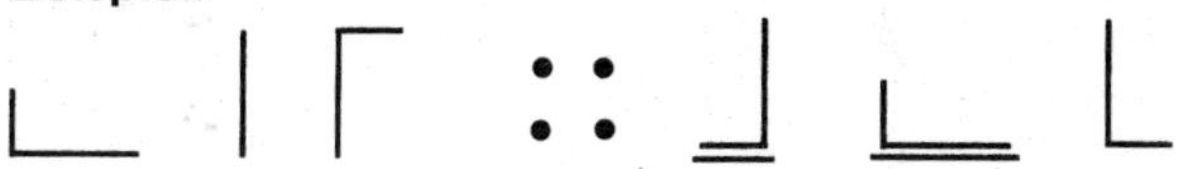

FB 16.

FB 17.

FB 18.

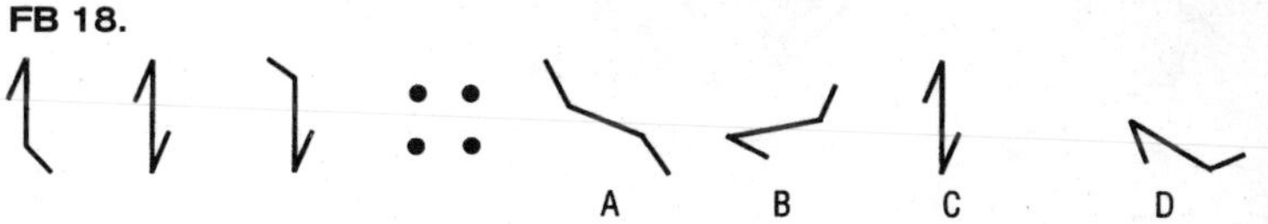

FB 19.

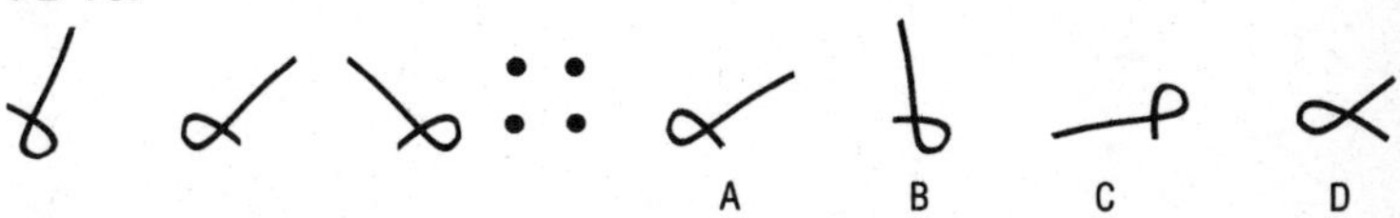

FB 20.

Figuren legen

Mit den mit Buchstaben bezeichneten Formen in der oberen Reihe können die schwarzen Figuren darunter gebildet werden. Tragen Sie den oder die Buchstaben der Formen in die Klammer ein, mit denen man die schwarzen Figuren legen kann.

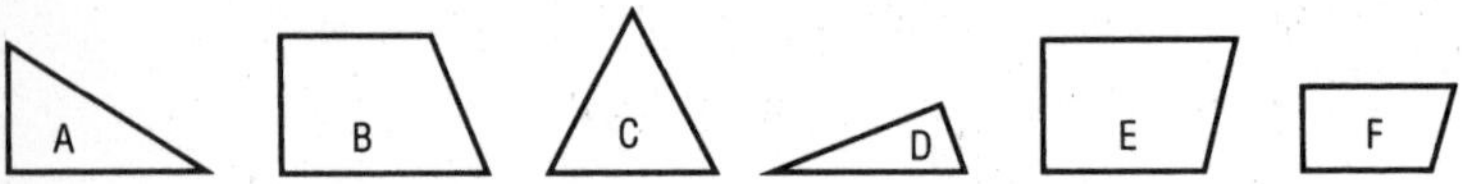

FB 21.

(______)

FB 22.

(__________)

FB 23.

(______)

FB 24.

(_______)

FB 25.

(________)

Figurenfolge

Die Figuren links bilden eine Reihe. Welche der mit Buchstaben bezeichneten Figuren rechts führt diese Reihe fort? Tragen Sie den Buchstaben der Figur in den Kreis ein.

Beispiel:

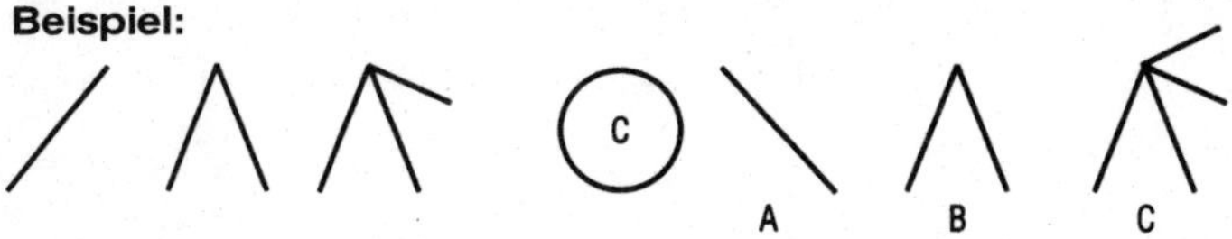

FB 26.

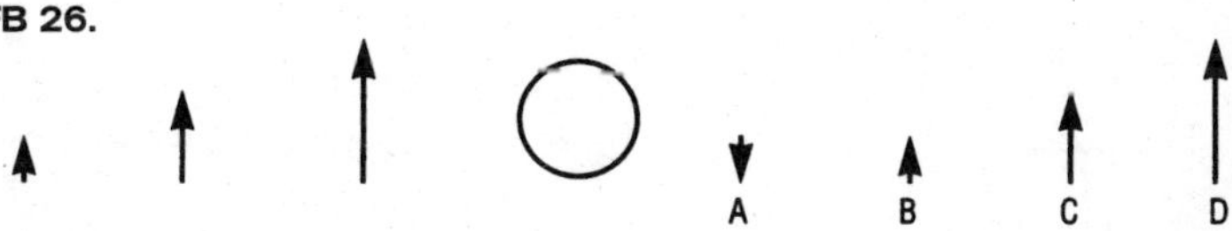

FB 27.

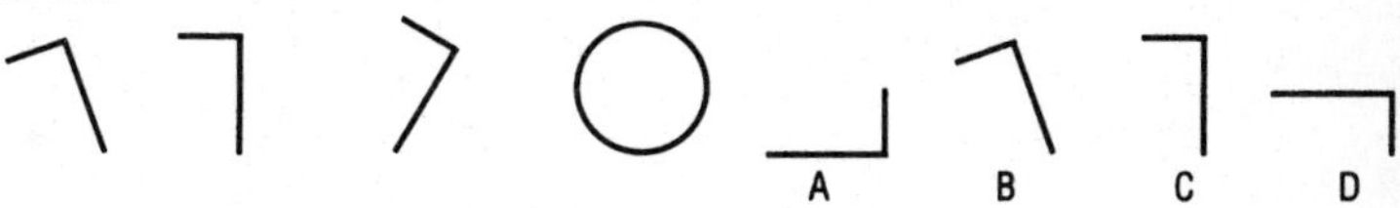

FB 28.

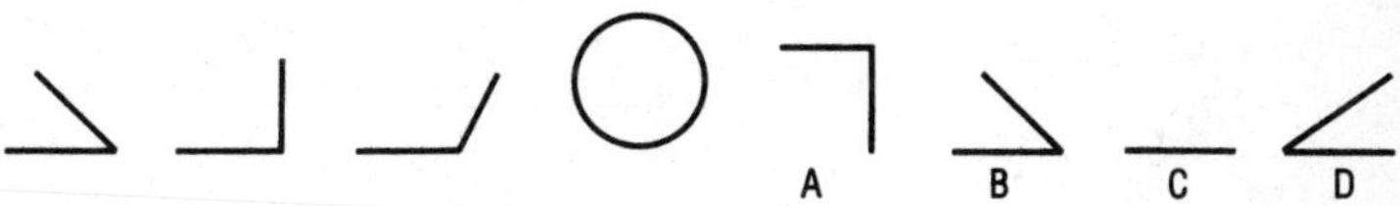

FB 29.

FB 30.

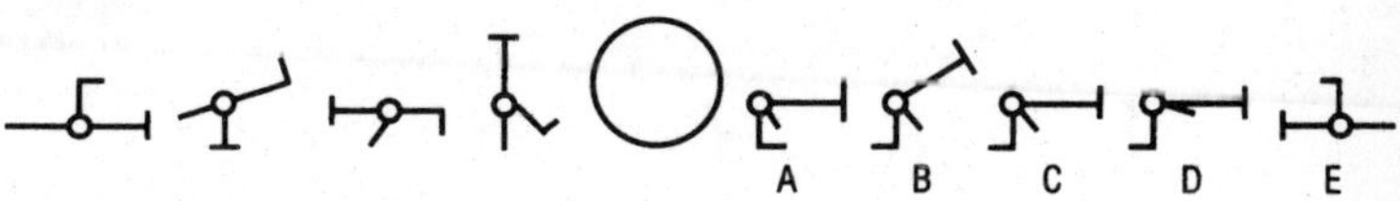

Berührungsflächen

Die Zeichnungen zeigen Stapel fester Blöcke. Ein frei stehender Block ist deutlich als solcher dargestellt. Die Blöcke in jeder Zeichnung haben jeweils die gleiche Form. Schreiben Sie rechts in die freien Kästchen neben den Buchstaben, wie viele Blöcke die mit Buchstaben bezeichneten Blöcke mit einer Seite berühren. Für Block A wurde als Beispiel die Zahl bereits eingetragen. Er berührt drei andere Blöcke.

FB 31.

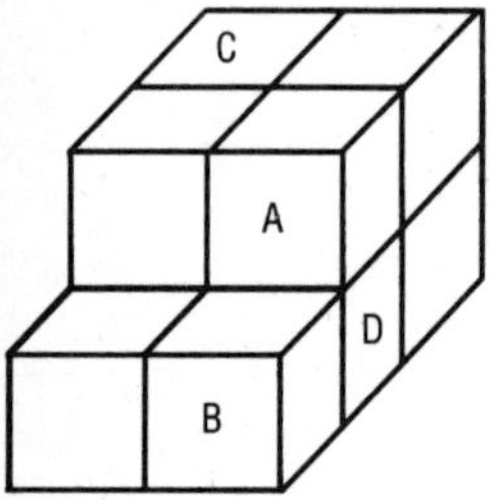

A	3	C	
B		D	

FB 32.

A		D	
B		E	
C			

FB 33.

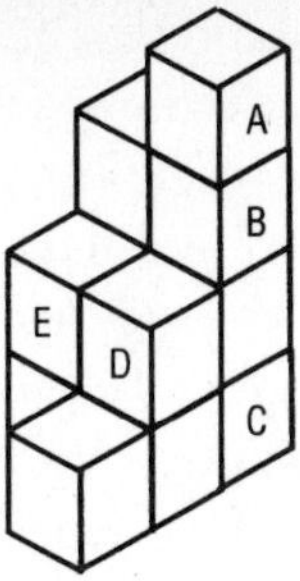

A		D	
B		E	
C			

FB 34.

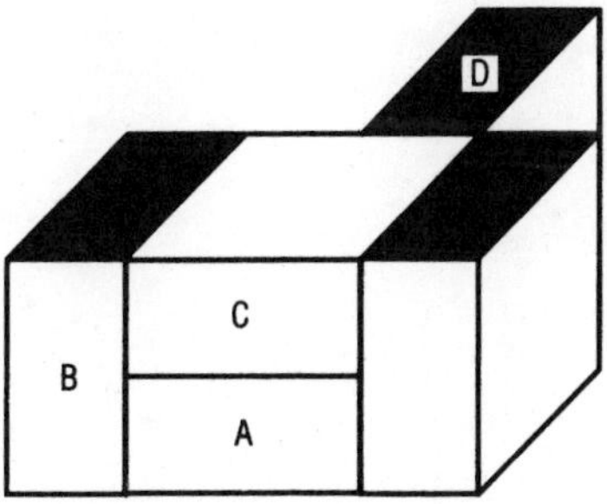

A		C	
B		D	

FB 35.

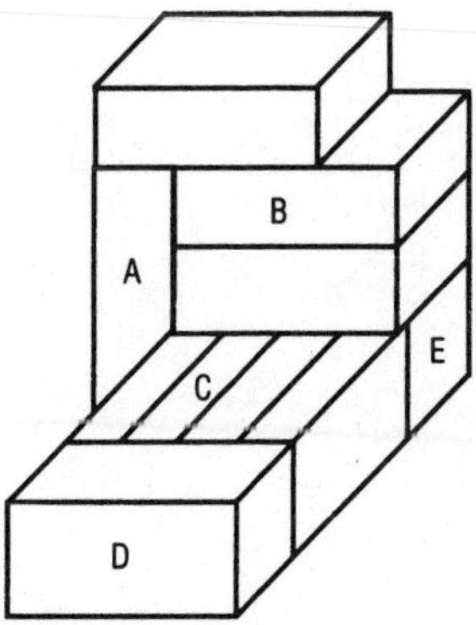

A		D	
B		E	
C			

Würfel visualisieren

Auf unterschiedlichen Seiten der Würfel wurden Markierungen eingezeichnet. Jede Markierung erscheint nur auf einem einzigen Würfel. Immer zwei Seiten jedes Würfels sind freigelassen. In jeder Reihe zeigen einige Zeichnungen denselben Würfel in einer anderen Position. Wenn es möglich ist, dass es sich um den gleichen Würfel handelt, dann gehen Sie davon aus, dass es so ist. Tragen Sie in den Kreis am Ende jeder Reihe ein, wie viele unterschiedliche Würfel mindestens in der Reihe dargestellt sind. Im Beispiel zeigen die zweite und dritte Zeichnung denselben Würfel gedreht.

Beispiel:

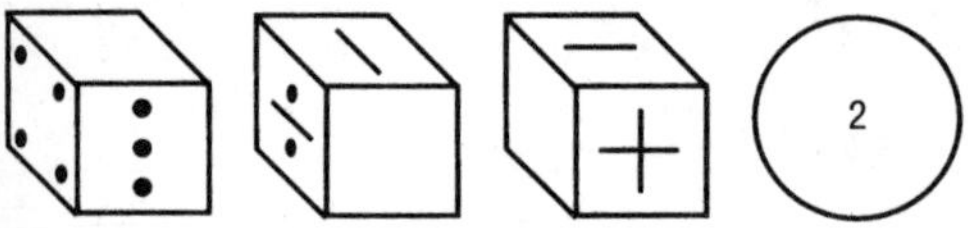

FB 36.

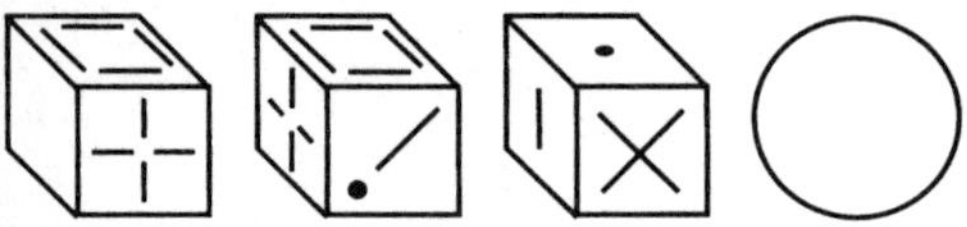

FB 37.

FB 38.

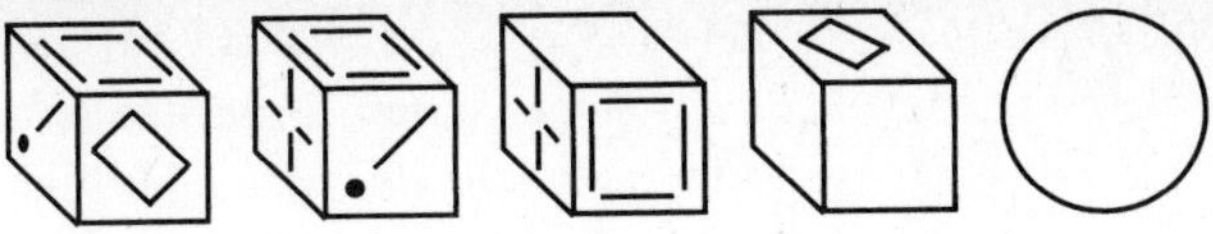

FB 39.

FB 40.

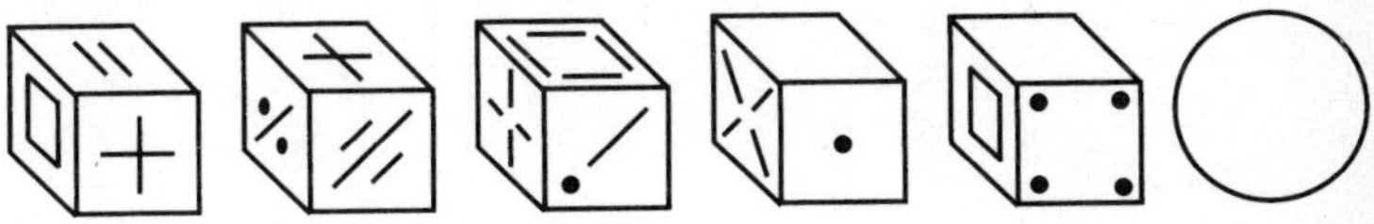

Analogien

In jeder Reihe verhält sich die erste Figur zu der zweiten auf dieselbe Weise wie die dritte Figur zu einer vierten. Unterstreichen Sie auf der rechten Seite jeweils die Figur, die die vierte Figur darstellt.

Beispiel:

1 verhält sich zu 2 wie 3 zu …

1 2 3 4 5 6 7

FB 41. 1 verhält sich zu 2 wie 3 zu …

1 2 3 4 5 6

FB 42. 1 verhält sich zu 2 wie 3 zu …

1 2 3 4 5 6 7

FB 43. 1 verhält sich zu 2 wie 3 zu …

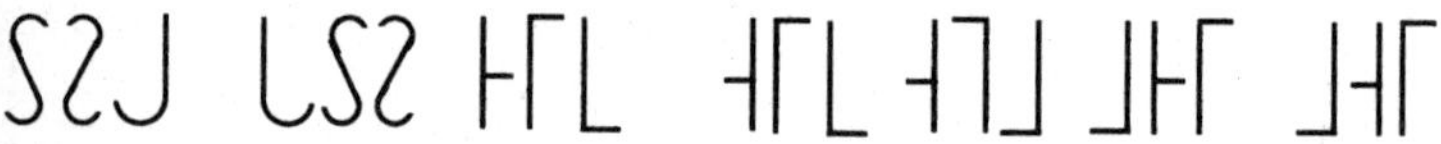

1 2 3 4 5 6 7

FB 44. 1 verhält sich zu 2 wie 3 zu …

1 2 3 4 5 6 7

FB 45. 1 verhält sich zu 2 wie 3 zu ...

1 2 3 4 5 6 7 8

FB 46. 1 verhält sich zu 2 wie 3 zu ...

1 2 3 4 5 6 7 8

FB 47. 1 verhält sich zu 2 wie 3 zu ...

1 2 3 4 5 6 7 8

FB 48. 1 verhält sich zu 2 wie 3 zu ...

1 2 3 4 5 6 7 8

FB 49. 1 verhält sich zu 2 wie 3 zu ...

1 2 3 4 5 6 7 8

FB 50. 1 verhält sich zu 2 wie 3 zu ...

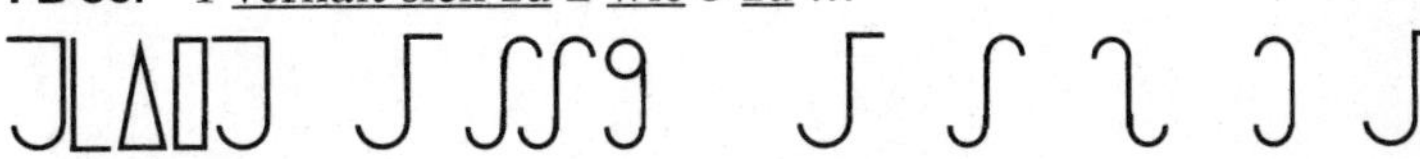

1 2 3 4 5 6 7 8

Ende des Tests. Überprüfen Sie Ihre Lösungen, bis die Zeit um ist.
Die Auflösungen finden Sie auf Seite 123.

AUFLÖSUNGEN

SA 1: Tasse, Untertasse. **SA 2:** Führer, Anhänger (beim Nähen folgt der Faden der Nadel). **SA 3:** sich freuen, trauern (Gegensätze). **SA 4:** Fenster, Aussicht (ein Boden bietet Halt, wie ein Fenster eine Aussicht bietet). **SA 5:** Augen, Fenster (der Schleier bedeckt die Augen, wie Vorhänge Fenster bedecken). **SA 6:** preisgeben, enthüllen. **SA 7:** widmen, weihen. **SA 8:** Klientel, Kundschaft. **SA 9:** Erzählung, Geschichte. **SA 10:** bestrafen, züchtigen. **SA 11:** F (gleichermaßen). **SA 12:** C (schwinden). **SA 13:** L (schreiben). **SA 14:** D (Öffentlichkeit). **SA 15:** E (Erinnerung). **SA 16:** H (es sei denn). **SA 17:** G (neu). **SA 18:** I (vergesslich). **SA 19:** K (Verdienst). **SA 20:** B (Ruhm). **SA 21:** Seelöwe, Wal (beides Säugetiere, alles andere sind Fische). **SA 22:** Tuch, Stanniol (die anderen werden aus verdichteten Fasern hergestellt). **SA 23:** Pfeil, Kanone (die anderen sind Handwaffen). **SA 24:** Telefon, Telegraph (die anderen vergrößern bzw. verstärken das Objekt). **SA 25:** Liebe, Furcht (die anderen werden von den Sinnen wahrgenommen). **SA 26:** Heide. **SA 27:** Tau. **SA 28:** Schwarm. **SA 29:** Fach. **SA 30:** Sprung. **SA 31:** leugnen, bestätigen. **SA 32:** verschleiert, exponiert. **SA 33:** freimütig, zurückhaltend. **SA 34:** verschlimmern, verbessern. **SA 35:** ursprünglich, endgültig. **SA 36:** bin. **SA 37:** manchmal. **SA 38:** wenig. **SA 39:** vorübergehend. **SA 40:** reif. **SA 41:** quecksilbrig, phlegmatisch (Gegensätze). **SA 42:** einwenden, widersprechen (Synonyme). **SA 43:** hartnäckig, nachgiebig (Gegensätze). **SA 44:** buchstäblich, tatsächlich (Synonyme). **SA 45:** Haufen, Loch (Gegensätze). **SA 46:** eigensüchtig. **SA 47:** kühn. **SA 48:** Dissonanz. **SA 49:** anwesend. **SA 50:** Eigelb.

SB 1: Vater, Junge. **SB 2:** Gesicht, Auge. **SB 3:** Zentrum, Umfang. **SB 4:** Wolke, Kohle (das eine befindet sich hoch über der Erde, das andere tief in der Erde). **SB 5:** Statue, Marmor (dies sind Beispiele für Form und Inhalt). **SB 6:** Strahl, Schein. **SB 7:** sich versammeln, sich scharen. **SB 8:** träge, faul. **SB 9:** ablenken, zerstreuen. **SB 10:** rustikal, ländlich. **SB 11:** D (keines). **SB 12:** J (Himmel). **SB 13:** E (Individualität). **SB 14:** F (ungenutzt). **SB 15:** H (warnen). **SB 16:** L (Umwelt). **SB 17:** I (Motiv). **SB 18:** K (Verhalten). **SB 19:** C (Urteile). **SB 20:** B (abgelenkt). **SB 21:** Nadel, Speer (die anderen haben scharfe Kanten). **SB 22:** Ekel, Furcht (Emotionen, die anderen sind Eigenschaften). **SB 23:** Prosodie, Philosophie (geisteswissenschaftliche Disziplinen, die anderen sind Naturwissenschaften). **SB 24:** Sieb, Hacke (sie trennen Dinge, die anderen verbinden sie). **SB 25:** Empfangsdame, Psychiater (sie haben hauptsächlich mit Menschen zu tun, die anderen mit Dingen). **SB 26:** Büchse. **SB 27:** Gericht. **SB 28:** Magazin. **SB 29:** Kuli. **SB 30:** Ton. **SB 31:** Zeit. **SB 32:** innen. **SB 33:** rund. **SB 34:** Gegenwart. **SB 35:** Partner. **SB 36:** verkürzen, strecken. **SB 37:** intensiv, weitschweifig. **SB 38:** ärgern, Frieden stiften. **SB 39:** Kontakt halten, abschalten. **SB 40:** widerspenstig, gehorsam. **SB 41:** Rumpf. **SB 42:** Kollege. **SB 43:** drei (Punkte haben keine Dimensionen, Würfel drei und Linien eine). **SB 44:** Chirurg (Sonde und Lanzetten sind Werkzeuge von Chirurgen wie Waffen die Werkzeuge von Soldaten). **SB 45:** Nabel (ungefähr im Zentrum des Körpers). **SB 46:** zuverlässig, vertrauenswürdig (Synonyme). **SB 47:** geeignet, passend (Synonyme). **SB 48:** degradieren, befördern (Gegensätze). **SB 49:** leuchtend, strahlend (Synonyme). **SB 50:** Nachtstudium, pauken (Synonyme).

ZA 1: 4. **ZA 2:** –17. **ZA 3:** 0,5 oder ½. **ZA 4:** 2. **ZA 5:** $^1/_{128}$. **ZA 6:** 2 (teilen Sie die Zahl an der Basis der Rakete durch die Summe der Zahlen in den Flügeln). **ZA 7:** 11 (multiplizieren Sie die Zahlen in den Flügeln und addieren Sie die Zahl an der Basis der Rakete). **ZA 8:** 48 (verdoppeln Sie die vorhergehende Zahl). **ZA 9:** 16 (jede Zahl beträgt $^2/_3$ der vorhergehenden Zahl). **ZA 10:** 33 (addieren Sie zu jeder Zahl das Ergebnis der Differenz zu der vorhergehenden Zahl mal 2). **ZA 11:** 31 (addieren Sie jeweils 6). **ZA 12:** 49 (die Zahlen sind jeweils Quadratzahlen von 3, 4, 5, 6 und 7). **ZA 13:** 9 (addieren Sie die Zahlen in den oberen Quadraten und subtrahieren Sie die Zahlen in den unteren Quadraten). **ZA 14:** 2 (multiplizieren Sie die Zahlen in den oberen Quadraten, ziehen Sie davon die Zahlen in den unteren Quadraten ab). **ZA 15:** 11 (addieren Sie die Zahlen außerhalb der Klammern). **ZA 16:** 9 (multiplizieren Sie die Zahlen außerhalb der Klammern). **ZA 17:** 112 (die Zahl in Klammern beträgt ein Viertel der Differenz der Zahlen außerhalb der Klammern). **ZA 18:** 168 (die Zahl in der Klammer ist der größte gemeinsame Teiler der Zahlen außerhalb der Klammer). **ZA 19:** 656 (die Zahl in der Klammer beträgt zweimal die Summe der Zahlen außerhalb der Klammer). **ZA 20:** 2 (die jeweils einander gegenüberliegenden Zahlen ergeben 13). **ZA 21:** 2 (das Produkt der einander gegenüberliegenden Zahlen ist jeweils 24). **ZA 22:** 41 (jede Zahl ist um 6 kleiner als die vorhergehende). **ZA 23:** 19 (jede Zahl ist um 7 kleiner als die vorhergehende). **ZA 24:** 189 (jede Zahl ist um 27 kleiner als die vorhergehende). **ZA 25:** 17 (jede Zahl beträgt die Hälfte der vorhergehenden Zahl plus 1). **ZA 26:** 10 (jede Zahl beträgt das Doppelte der vorangegangenen Zahl minus 2). **ZA 27:** 20 (die Summen der Zahlen in der ersten und zweiten senkrechte Spalte ergeben die Zahlen in der dritten Spalte; die Summen der ersten und zweiten waagrechte Reihe ergeben die dritte). **ZA 28:** 240 (in den Spalten und Reihen ergibt die Multiplikation der ersten mit der zweiten Zahl jeweils die dritte). **ZA 29:** 5 (die Addition der beiden ersten Zahlen abzüglich der dritten ergibt die vierte). **ZA 30:** 1 (das Produkt der ersten zwei Zahlen minus der dritten ergibt die vierte). **ZA 31:** 3 (addieren Sie die zweite und dritte Zahl und ziehen Sie die erste davon ab). **ZA 32:** 5 (multiplizieren Sie die ersten beiden Zahlen und addieren Sie die dritte). **ZA 33:** 3 (multiplizieren Sie die ersten beiden Zahlen und teilen Sie sie durch die dritte). **ZA 34:** 12 (in den waagrechten Reihen und senkrechten Spalten ergibt die Multiplikation der ersten Zahl mit der zweiten die dritte). **ZA 35:** 2 (in den waagrechten Reihen und senkrechten Spalten ergibt die erste Zahl geteilt durch die zweite die dritte). **ZA 36:** 5 (die Summe der Zahlen in den Dreiecken ergibt die Lösung). **ZA 37:** 2 (die Differenz der Zahlen in den Dreiecken ergibt die Lösung). **ZA 38:** 12 (das Produkt der Zahlen im Dreieck und im Quadrat ergibt die Lösung). **ZA 39:** 1 (die Zahl im Dreieck wird durch die Zahl im Kreis geteilt). **ZA 40:** 4 (addieren Sie die Zahlen in den Dreiecken und ziehen Sie davon die Zahl im umgekehrten Dreieck ab). **ZA 41:** 6 (multiplizieren Sie die Zahlen im Dreieck und dem Quadrat und teilen Sie sie durch die Zahl im Kreis). **ZA 42:** 4 (die einander gegenüberliegenden Zahlen ergeben jeweils 18). **ZA 43:** 36 (die Multiplikationen der jeweils einander gegenüberliegenden Zahlen ergeben 36). **ZA 44:** 9, 15 (die Zahlen in den linken Quadraten erhöhen sich jeweils um 2 und die Zahlen in den rechten Quadraten um 3). **ZA 45:** 8, 24 (die Zahlen in den linken Quadraten erhöhen sich jeweils um 2 in den rechten Quadraten jeweils um 6). **ZA 46:** 22, 24 (die Zahlen in den rechten Quadraten verdoppeln sich, die Zahlen in den linken Quadraten betragen jeweils 2 weniger als in den rechten). **ZA 47:** 4690, 4687 (die linke Zahl ist jeweils das Produkt der Zahlen der vorhergehenden beiden Quadrate; die rechte Zahl ist jeweils um 3 niedriger). **ZA 48:** 7, 343 (die Zahlen in den linken Quadraten sind ungerade Zahlen in ihrer natürlichen Reihenfolge, die Zahlen in den rechten Quadraten ihre Kubikzahlen). **ZA 49:** 6 (Primzahlzerlegung). **ZA 50:** 126 (Primzahlzerlegung).

ZB 1: 3. **ZB 2**: –11. **ZB 3**: 1,2. **ZB 4**: 4. **ZB 5**: 4/9. **ZB 6**: 43 (multiplizieren Sie die Zahlen in den Flügeln und addieren Sie die Zahl an der Basis). **ZB 7**: 12 (multiplizieren Sie die Zahlen in den Flügeln und subtrahieren Sie die Zahl an der Basis). **ZB 8**: 162 (jede Zahl beträgt das Dreifache der vorhergehenden). **ZB 9**: 81 (jede Zahl beträgt ¾ der vorhergehenden). **ZB 10**: 31 (jede Zahl beträgt das Doppelte der vorhergehenden plus 1). **ZB 11**: 34 (jede Zahl beträgt das Siebenfache der Zahl vor ihr). **ZB 12**: 121 (der Verlauf ist: 7×7, 8×8, 9×9, 10×10 und 11×11). **ZB 13**: 12 (addieren Sie die oberen Zahlen und ziehen Sie die unteren Zahlen von der Summe ab). **ZB 14**: 3 (addieren Sie die oberen Zahlen und subtrahieren Sie dann die unteren Zahlen). **ZB 15**: 13 (die Zahl in der Klammer ist die Summe der Zahlen außerhalb der Klammer). **ZB 16**: 10 (die Zahl in der Klammer ist das Produkt der Zahlen außerhalb der Klammer). **ZB 17**: 131 (die Zahl in der Klammer beträgt ein Drittel der Differenz zwischen den Zahlen außerhalb der Klammer). **ZB 18**: 75 (die Zahl in der Klammer beträgt ein Viertel der Summe der anderen Zahlen). **ZB 19**: 121 (die Zahl in der Klammer ist der größte gemeinsame Teiler der Zahlen außerhalb der Klammer). **ZB 20**: 8 (die einander gegenüberliegenden Zahlen ergeben addiert jeweils 17). **ZB 21**: 1 (das Produkt der einander gegenüberliegenden Zahlen beträgt jeweils 48). **ZB 22**: 38 (jede Zahl ist um 7 kleiner als die vorhergehende). **ZB 23**: 27 (jede Zahl ist um 8 kleiner als die vorhergehende). **ZB 24**: 364 (jede Zahl ist um 26 kleiner als die vorhergehende). **ZB 25**: 66 (jede Zahl ist um 13 kleiner als die vorhergehende). **ZB 26**: 29 (jede Zahl beträgt das Doppelte der vorhergehenden Zahl plus 3). **ZB 27**: 19 (in den waagrechten Reihen und senkrechten Spalten ist die dritte Zahl jeweils die Summe der ersten beiden Zahlen). **ZB 28**: 180 (in den waagrechten Reihen und senkrechten Spalten ist die dritte Zahl jeweils das Produkt der ersten beiden Zahlen). **ZB 29**: 1 (addieren Sie die ersten beiden Zahlen und ziehen Sie die dritte davon ab). **ZB 30:** 11 (multiplizieren Sie die ersten beiden Zahlen und subtrahieren Sie die dritte). **ZB 31:** 1 (addieren Sie die erste und dritte Zahl und ziehen Sie die zweite davon ab). **ZB 32:** 12 (multiplizieren Sie die ersten beiden Zahlen und addieren Sie die dritte). **ZB 33:** 16 (multiplizieren Sie die ersten beiden Zahlen und teilen Sie sie durch die dritte). **ZB 34:** 7 (die Zahlen in der mittleren senkrechten Spalte sind jeweils die Summen der Zahlen in den beiden anderen). **ZB 35:** 4 (teilen Sie die Zahlen in der ersten senkrechten Spalte durch die entsprechende Zahl in der dritten und addieren Sie 1, um die Zahlen in der mittleren Spalte zu erhalten). **ZB 36:** 7 (addieren Sie die Zahlen in den Dreiecken). **ZB 37:** 2 (die mittlere Zahl ist die Differenz zwischen den Zahlen in den Dreiecken). **ZB 38:** 18 (die mittlere Zahl ist das Produkt der anderen). **ZB 39:** 7 (teilen Sie die erste Zahl durch die dritte). **ZB 40:** 3 (subtrahieren Sie die vierte Zahl von der Summe der ersten und dritten). **ZB 41:** 30 (die zweite Zahl ist das Produkt der anderen Zahlen). **ZB 42:** 13 (die Summe der einander gegenüberliegenden Zahlen beträgt 22). **ZB 43:** 1 (das Produkt der einander gegenüberliegenden Zahlen beträgt 40). **ZB 44:** 6, 10 (die linken Zahlen in den Doppelquadraten nehmen jeweils um 1 zu, in den rechten um 2). **ZB 45:** 5, 20 (die linken Zahlen in jedem Doppelquadrat nehmen jeweils um 1 zu, mit 4 multipliziert ergeben sie die rechte Zahl in den Doppelquadraten). **ZB 46:** 2, 10 (die linke Zahl in jedem Doppelquadrat nimmt jeweils um 1 ab, und die rechte jeweils um 1 zu). **ZB 47:** 16, 4 (die rechte Zahl in jedem Doppelquadrat nimmt jeweils um 1 ab, die linke Zahl ist die Quadratzahl der rechten). **ZB 48:** 15, 16 (die rechten Zahlen in den Doppelquadraten verdoppeln sich, die linken Zahlen entsprechen den rechten minus 1). **ZB 49:** 60 (Primzahlzerlegung). **ZB 50:** 42 (Primzahlzerlegung).

FA 1: A, B. **FA 2:** A, D. **FA 3:** B, C. **FA 4:** A, D. **FA 5:** B, D. **FA 6:** A, C. **FA 7:** B, D. **FA 8:** A, D. **FA 9:** A, C. **FA 10:** A, C. **FA 11:** C. **FA 12:** A. **FA 13:** D. **FA 14:** C. **FA 15:** D. **FA 16:** A, D. **FA 17:** B, D. **FA 18:** B, D. **FA 19:** A, C. **FA 20:** B, D. **FA 21:** A. **FA 22:** D, F. **FA 23:** B. **FA 24:** E, F. **FA 25:** C, D. **FA 26:** B. **FA 27:** C. **FA 28:** D. **FA 29:** D. **FA 30:** A (die Linien verlaufen im Uhrzeigersinn). **FA 31:** C3, D3, E3. **FA 32:** A3, B3, C2, D2, E1. **FA 33:** A2, B2, C3, D3, E3. **FA 34:** A3, B5, C4, D3, E2. **FA 35:** A4, B4, C5, D4, E2. **FA 36:** 1. **FA 37:** 2 (die ersten beiden zeigen denselben Würfel). **FA 38:** 2 (die erste und die dritte Zeichnung stellen denselben Würfel dar). **FA 39:** 2 (die ersten drei Zeichnungen stellen denselben Würfel dar). **FA 40:** 3 (die verschiedenen Markierungen könnten die gegenüberliegenden drei Seiten von zwei zusammengehörenden und einen einzelnen Würfel zeigen, deshalb nehmen wir an, dass es so ist). **FA 41:** 7. **FA 42:** 4. **FA 43:** 5 (die Hauptfigur wurde von links nach rechts gedreht und dann auf den Kopf gestellt). **FA 44:** 6 (Figur 6 entspricht der mittleren Figur in der ersten Folge). **FA 45:** 7. **FA 46:** 6. **FA 47:** 4. **FA 48:** 7. **FA 49:** 5. **FA 50:** 6.

AUFLÖSUNGEN ZU: **FIGURENTEST B**

FB 1: B, D. **FB 2:** C, E. **FB 3:** B, C. **FB 4:** A, C. **FB 5:** A, E. **FB 6:** A, C. **FB 7:** D, E. **FB 8:** A, E. **FB 9:** A, D. **FB 10:** A, D. **FB 11:** A. **FB 12:** C. **FB 13:** B. **FB 14:** D. **FB 15:** B. **FB 16:** A, D. **FB 17:** A, B. **FB 18:** B, D. **FB 19:** B, C. **FB 20:** A, C. **FB 21:** B. **FB 22:** A. **FB 23:** D, C. **FB 24:** E, F. **FB 25:** A, B, D. **FB 26:** D. **FB 27:** A. **FB 28:** C. **FB 29:** B. **FB 30:** C. **FB 31:** B2, C3, D4. **FB 32:** A1, B1, C2, D3, E2. **FB 33:** A1, B3, C3, D3, E3. **FB 34:** A4, B2, C4, D2. **FB 35:** A5, B3, C4, D4, E6. **FB 36:** 2 (die beiden ersten Zeichnungen stellen denselben Würfel dar). **FB 37:** 2 (die erste Zeichnung zeigt einen Würfel, der sich von den anderen unterscheidet). **FB 38:** 1. **FB 39:** 2 (die beiden ersten Zeichnungen zeigen denselben Würfel, bei den beiden anderen ist es möglich, dass es sich um denselben Würfel handelt). **FB 40:** 3 (die erste und die letzte Zeichnung zeigen denselben Würfel, von den anderen gehören möglicherweise zwei zusammen). **FB 41:** 6 (das untere Ende der Figur ist von einer Seite zur anderen gedreht). **FB 42:** 5 (das erste und das zweite Element in der Zeichnung wechseln die Position). **FB 43:** 6 (die letzte Figur wird spiegelverkehrt an die erste Stelle versetzt). **FB 44:** 7 (die erste Figur wird um ihre Achse gedreht an die zweite Stelle versetzt, die letzte Figur an die erste und die zweite Figur an die letzte und außerdem auf den Kopf gestellt). **FB 45:** 7 (die Figur, die den anderen am wenigsten ähnlich ist, wird um ihre Achse gedreht). **FB 46:** 7 (bei dieser Figur entsprechen sich oberes und unteres Ende nicht, ebenso bei der ersten Figur in der ersten Serie). **FB 47:** 7 (die Figurenreihe setzt sich fort durch Kippen im Uhrzeigersinn). **FB 48:** 4 (die Figur ist am wenigsten allen anderen ähnlich im Hinblick auf ihre Drehung oder als Spiegelverkehrung). **FB 49:** 6 (die Figur wird in ihr Spiegelbild verwandelt und im Uhrzeigersinn um 45 Grad gekippt). **FB 50:** 7 (der obere Teil der ähnlichsten Figur wird zur anderen Seite gedreht).

Wenn der Begriff «Intelligenz» als Persönlichkeitsmerkmal schon umstritten ist, dann ist der Begriff «Kreativität» noch nebelhafter. Es gibt nur wenige wissenschaftliche Erkenntnisse über Kreativität, aber um das bisschen, was an Forschungsergebnissen tatsächlich vorliegt, ist überraschend viel Wind gemacht worden. Hier wird der versteckte Einfluss der Anhänger der Umwelttheorie spürbar, der pädagogischen Gleichmacher. Kreativität ist eine jener kompensatorischen Ideen, die in ihrem Dunstkreis gedeihen. «Er mag ja schwer von Begriff sein», hört man diese Gleichmacher sagen, «aber er ist so kreativ!»

Ich werde versuchen, Kreativität hier unabhängig von den mit ihr verbundenen politischen Unter- und Obertönen zu betrachten (oder sollte ich sagen «Egalitönen»?). Wenn ich nach dem Kriterium urteile, wer mich am meisten – und andere am wenigsten – überzeugt, nämlich nach der persönlichen Erfahrung, dann meine ich, dass es durchaus möglich ist, Menschen nach einem bestimmten Kriterium zu klassifizieren, das mit Recht Kreativität genannt werden kann. Manche Menschen sind geschickter darin, Vorstellungsinhalte auf originelle Weise zu verbinden und neu zu gruppieren. Der Unterschied scheint auf der Ebene der Hypothesenbildung zu liegen. Die Lösung von Problemen ist, wie ich glaube, oft eine Sache von Versuch und Irrtum beim Ausprobieren und Modifizieren von Konzepten, bis eines gefunden wird, das relativ gut «passt». Wenn das so ist, dann scheinen mir die Menschen «kreativ» zu sein, die besonders produktiv im Bilden von Hypothesen sind. Ihre Fähigkeit, bereits aufgestellte Hypothesen zu beurteilen und unzulängliche Hypothesen zu verwerfen, wäre meiner intuitiven Ansicht nach eine Frage reiner Intelligenz. Ihre eigentliche kreative Fruchtbarkeit aber besteht in der schieren Menge der zu überprüfenden Theorien, die sie hervorbringen – ein Vermögen, das zwar mit Intelligenz zu tun hat, aber nicht mit ihr identisch ist.

Die ersten Untersuchungen über Kreativität wurden in den frühen 1950er Jahren in den USA von Guilford und seinen Kollegen durchgeführt, und in den folgenden Jahrzehnten häufen sich die Arbeiten über Kreativität. Wie andere psychometrische Tests müssen Kreativitätstests danach beurteilt werden, ob ihre Gültigkeit statistisch belegt werden kann.

Lässt sich anhand der Ergebnisse eine Verbindung aufzeigen mit dem, was wir im Allgemeinen unter Kreativität verstehen? W. H. Davies zum Beispiel wählte einige MENSA-Mitglieder aus, die den MENSA-Unterlagen zufolge allem Anschein nach «kreativ» waren. Dann stellte er eine andere Gruppe von Mitgliedern zusammen, die aufgrund ihrer eigenen Angaben nicht besonders kreativ zu sein schienen. Als er die Ergebnisse der beiden Gruppen in den Kreativitätstests untersuchte, stellte er eine deutliche Korrelation zu den Einschätzungen fest. Kreativitätstests sind für den Eigengebrauch nicht besonders geeignet, und die nun folgenden Tests sind nur als Demonstration und zum Vergnügen gedacht. Aus ihnen lässt sich nur ein sehr ungefährer Hinweis auf Ihre «Kreativität» ablesen, und dies auch nur, wenn Sie bei Ihrer Beurteilung sehr streng mit sich sind.

Anweisungen für den Kreativitätstest

In allen Rechtecken auf Seite 127 sind Linien vorgegeben, verwenden Sie diese als Grundlage für jeweils eine originelle Zeichnung. Zeichnen Sie deutlich und erkennbar, aber zügig. Kümmern Sie sich nicht um Details. Lösen Sie erst diese Aufgabe, betrachten Sie dann die Hinweise für die Auswertung auf den Seiten 134 und 135. Sehen Sie sich diese vorher nicht an – oder Sie verschwenden ihre Zeit. Sie haben nur fünf Minuten Zeit für Ihre Zeichnungen.

Kreativität (Fünf-Minuten-Test)

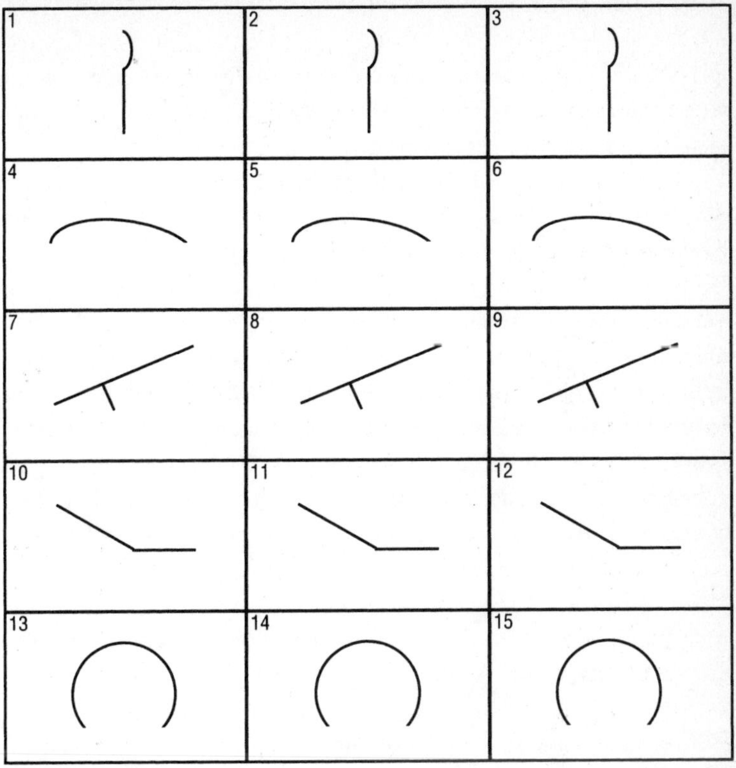

Wenn Sie fertig sind, schlagen Sie die Seiten 134 und 135 auf und bewerten Sie Ihre Ergebnisse.

ZWEI PERSÖNLICHKEITSTESTS

Hier möchte ich noch eine weitere Art von Test vorstellen. Sie hat nichts mit Intelligenz zu tun. Daher gibt es keine richtigen oder falschen Antworten auf die Fragen.

Beantworten Sie als Erstes die Fragen und lesen Sie erst nachher weiter, sonst könnten Ihre Antworten von dem, was Sie lesen, beeinflusst werden.

Ich werde diesen ersten Test «Persönlichkeitsfaktor 1» nennen. Versuchen Sie, schnell und spontan zu antworten, ohne allzu viel über die Fragen nachzudenken. Getestet wird hier Ihre emotionale Reaktion, nicht Ihr Denkvermögen. Halten Sie sich also nicht bei Zweifeln oder unlogischen Formulierungen auf. Antworten Sie spontan und rasch, dann gehen Sie zur nächsten Frage über.

Die Auswertung der Fragen folgt der Auswertung des Kreativitätstests, im Anschluss an den Test von «Persönlichkeitsfaktor 2».

Persönlichkeitsfaktor 1

Kreisen Sie als Antwort A oder B ein.

1. Würden Sie lieber Wissenschaftler (A) oder Abgeordneter im Parlament (B) sein?	**A oder B**
2. Meinen Sie, dass viele anerkannte und als seriös geltende Berufe dem Land mehr Schaden (A) zufügen als Nutzen (B)?	**A oder B**
3. Was ist bei einem Literaturkritiker wichtiger, Nachsicht und Ermutigung (A) oder (B) sorgfältiges Werturteil?	**A oder B**
4. Wenn Sie die Wahl hätten, am Empfang einer Firma zu arbeiten (B) oder einer interessanten Beschäftigung in Ihrem eigenen Büro nachzugehen (B), wie würden Sie sich entscheiden?	**A oder B**

5. Sollte ein Arzt bei der Entscheidung über die Behandlung seiner Patienten seine Gefühle zurückstellen (A), oder sollte er sich besonders von seinen Gefühlen leiten lassen (B)? **A oder B**

6. Finden Sie es leicht (B) oder schwierig (A), Ihr Verhalten und die Art der Beziehung je nach der Person, mit der Sie es gerade zu tun haben, zu verändern oder anzupassen? **A oder B**

7. Würden Sie im Urlaub die meiste Zeit lieber mit Lesen und einsamen Spaziergängen (A) verbringen, oder würden Sie die meiste Zeit lieber ausgehen und Leute treffen (B)? **A oder B**

8. Könnten Sie ein Einsiedlerleben leicht (A) oder nur mit Schwierigkeiten (B) ertragen? **A oder B**

9. Würden Sie lieber jemanden heiraten, der (A) ein aufmerksamer Begleiter oder (B) sehr gesellig ist? **A oder B**

10. Sind die meisten Leute wahrscheinlich (B) oder vermutlich nicht (A) wirkliches Vertrauen wert? **A oder B**

11. Organisieren Sie im Allgemeinen gern (A) oder eher ungern (B) Partys? **A oder B**

12. Wären Sie lieber Handelsvertreter (B) oder Buchhalter in einem Büro (A)? **A oder B**

13. Würden Sie sich selbst als jemand beschreiben, der das Leben normalerweise von der positiven Seite nimmt (B) oder der sich eher vorsichtig verhält (A)? **A oder B**

14. Wären Sie lieber ein hoher Beamter (A) oder ein Mitglied der Regierung (B)? **A oder B**

15. Machen Ihnen große, laute Partys normalerweise Spaß (B) oder keinen Spaß (A)? **A oder B**

16. Fällt es Ihnen schwer (A) oder leicht (B), in der Öffentlichkeit eine Rede zu halten? **A oder B**

17. Wo wären Sie bei einer Theaterproduktion

glücklicher, wenn Sie hinter den Kulissen arbeiten (A) oder eine Hauptrolle spielen (B)? **A oder B**

18. Sind Sie in allgemeinen Gesprächen eher schnell mit einer passenden Entgegnung bei der Hand (B), oder halten Sie sich eher zurück (A)? **A oder B**

19. Finden Sie in einer neuen Situation normalerweise schnell (B) oder nur schwer (A) neue Freunde? **A oder B**

20. Würden Sie sich selbst als jemand beschreiben, der in seinen Aktivitäten meist voller Energie ist (B) oder dem es an Energie mangelt (A)? **A oder B**

Machen Sie jetzt mit dem nächsten Test weiter. Sehen Sie sich die Auswertung noch nicht an!

Persönlichkeitsfaktor 2

Auch hier bitte ich Sie, erst den Test auszufüllen und hinterher die Auswertung zu lesen. Spicken Sie, wenn Sie wollen – aber dann brauchen Sie sich mit der Auswertung nicht weiter zu befassen, sie wird wahrscheinlich ohne Bedeutung sein. Auch hier sollten Sie in entscheidungsfreudiger und nicht in nachdenklicher Stimmung sein, arbeiten Sie die Fragen rasch und entschlossen durch, gehen Sie beim Ausfüllen nach dem Gefühl und nicht nach der Logik und schwanken Sie nicht lange zwischen einer Antwort und einer anderen. Der Test sollte in etwa zehn Minuten beendet sein, es macht aber nichts, wenn Sie mehr oder weniger Zeit benötigen.

1. Sind Sie, soweit Sie wissen, jemals (A) oder nie (B) schlafgewandelt? **A oder B**

2. Sind Sie (A) schon einmal länger als die meisten Leute wegen Krankheit der Arbeit ferngeblieben oder nicht (B)? **A oder B**

3. Neigen Sie dazu, verwirrt zu reagieren (A) oder nicht (B), wenn Sie bei der Arbeit unterbrochen werden? **A oder B**
4. Sind Sie ein Freund von anstrengendem täglichem Körpertraining (A) oder nicht (B)? **A oder B**
5. Erinnern Sie sich an das letzte Mal, als Sie damit begannen, etwas Neues zu lernen: Empfanden Sie Zuversicht (B) oder nicht (A)? **A oder B**
6. Regen Sie alltägliche, belanglose Ärgernisse leicht auf (A) oder eher nicht (B)? **A oder B**
7. Haben Sie sich jemals (A) oder nie (B) nach einer Situation, in der Sie meinten, gedemütigt worden zu sein, noch stundenlang geärgert? **A oder B**
8. Würden viele Leute (A) Sie als sensiblen Menschen bezeichnen oder nicht (B)? **A oder B**
9. Können Sie normalerweise gut einschlafen und schlafen Sie gut (B) oder nicht (A)? **A oder B**
10. Halten viele Leute Sie für schüchtern (A) oder nicht (B)? **A oder B**
11. Bringt es Sie aus der Fassung oder stört es Sie sehr (A), wenn jemand, den Sie kennen, Sie nicht grüßt, oder reagieren Sie gleichmütig (B)? **A oder B**
12. Fühlen Sie sich manchmal ohne eigentliche Ursache glücklich oder traurig (A) oder kennen Sie so etwas nicht (B)? **A oder B**
13. Ertappen Sie sich oft beim Tagträumen, wenn Sie eigentlich arbeiten sollten (A), oder passiert Ihnen das nie (B)? **A oder B**
14. Können Sie sich daran erinnern, in den letzten fünf Jahren Albträume gehabt zu haben (A), oder können Sie sich nicht erinnern (B)? **A oder B**
15. Haben Sie Höhenangst, Angst vor Aufzügen oder Tunnel oder Angst aus der Tür zu gehen (A), oder kennen Sie derartige Ängste nicht (B)? **A oder B**

16. Verhalten Sie sich in einem Notfall normalerweise ruhig und besonnen (B) oder nicht (A)? **A oder B**

17. Halten Sie sich für einen Menschen, der in vielen Situationen des Alltagslebens emotional reagiert (A), oder nicht (B)? **A oder B**

18. Sorgen Sie sich häufig (A) oder selten (B) über Ihre Gesundheit? **A oder B**

19. Können Sie sich daran erinnern, dass Sie im vergangenen Jahr jemanden wirklich verärgert haben (A), oder nicht (B)? **A oder B**

20. Schwitzen Sie auch ohne körperliche Anstrengung viel (A) oder wenig (B)? **A oder B**

21. Können Sie sich an eine Gelegenheit in den letzten fünf Jahren erinnern, wo Sie mitten in der Arbeit das Gefühl hatten, Ihr Kopf sei leer (A), oder nicht (B)? **A oder B**

22. Können Sie drei Menschen benennen, die Ihnen Ihrer Meinung nach im letzten Jahr richtig unfreundlich begegnet sind (A), oder nicht (B)? **A oder B**

23. Gerieten Sie je ohne körperliche Anstrengung außer Atem (A) oder noch nie (B)? **A oder B**

24. Sind Sie merkwürdigen Angewohnheiten anderer Menschen gegenüber im Allgemeinen nachsichtig (B) oder nicht (A)? **A oder B**

25. Gibt es irgendwelche normalen, alltäglichen Situationen, in denen Sie sich entschieden befangen fühlen (A), oder nicht (B)? **A oder B**

26. Sind Sie oft unglücklich (A) oder nicht (B)? **A oder B**

27. Hatten Sie in den letzten zwei Jahren mehrfach an Durchfall zu leiden (A) oder nicht (B)? **A oder B**

28. Sind Sie im Allgemeinen selbstsicher (B) oder nicht (A)? **A oder B**

29. Haben Sie Grund zu der Annahme, dass Sie die Wechselfälle des Lebens nicht so leicht

meistern können wie andere Leute (A), oder haben Sie dieses Gefühl nicht (B)? **A oder B**

30. Nehmen Sie zurzeit mehr als einmal im Monat Aspirin, Kodein, Beruhigungsmittel, Aufputschpillen, Schlaftabletten oder andere Medikamente (A), oder tun Sie das nicht (B)? **A oder B**

Zählen Sie jetzt, wie oft sie A und B eingekreist haben. Wir kommen bald darauf zurück.

AUSWERTUNG DER TESTERGEBNISSE

ANWEISUNGEN FÜR DIE AUSWERTUNG DES KREATIVITÄTSTESTS

Jetzt kommt der schwierige Part. Geben Sie sich für jede erkennbare Zeichnung einen Punkt, vorausgesetzt sie fällt nicht in dieselbe Kategorie wie eine andere Zeichnung auf dem Blatt. So ist zum Beispiel nur ein einziges menschliches Gesicht erlaubt, ein weiteres wird nicht gewertet, es sei denn, es ist ein Detail der Zeichnung und nicht ihr eigentlicher Gegenstand. *Sie erhalten Punkte für die Vielfalt* (von Ideen, Szenen oder Dingen, die Sie dargestellt haben), und *Sie werden bestraft, wenn Sie dieselbe Idee zweimal verwenden.* Wenn Sie «kreativ» sind, werden Sie ganz natürlich zur Vielfalt tendieren, selbst wenn Sie im Zeichnen nicht geübt sind.

Bei einem Kreativitätstest gibt es keine *richtige* Lösung; es gibt eine unendliche Anzahl von möglichen Antworten; sie sind alle gleich richtig, sofern sie originell sind und nicht irgendwo abgekupfert wurden, und vorausgesetzt, sie berücksichtigen alle Merkmale der Aufgabenstellung. Bei diesem Test wurden Sie aufgefordert, die vorgegebenen Diagramme vollständig zu nutzen. Wenn ein Teil eines Diagramms nicht in Ihrer Zeichnung eingebaut wurde, gehen Sie ohne Punkt aus. Am besten ist es natürlich, wenn Sie einen Freund bewegen können, den Test für Sie auszuwerten, nachdem Sie ihn oder sie gebeten haben, die Anweisungen dazu sorgfältig durchzulesen.

Es gibt immer noch viele Auseinandersetzungen über Kreativitätstests, und manche Leute meinen, sie seien einfach verkleidete Intelligenztests. R. W. Marsh schreibt in «A Statistical Re-Analysis of Getzels' and Jackson's Data» (1964): «Anstatt vom allgemeinen Faktor der Intelligenz nahezu unabhängig zu sein, ist dieser (Kreativitäts-)Faktor dessen konstantester und augenfälligster Bestandteil (...) ein konventioneller Intelligenztest ist noch immer das beste einzelne Kriterium für ‹kreatives› Potential. Die Anwendung weiterer Tests mag es noch verbessern.» Eine Untersuchung von Getzels und Jackson hatte in den 1960er Jahren die Erforschung der Kreativität wieder aufleben lassen. Getzels und Jackson fanden heraus, dass in vier von fünf untersuchten Schulen die zwanzig Prozent Schüler, die besonders kreativ waren, ebenso gute Schulleistungen zeigten wie die zwanzig Prozent Schüler mit der höchsten Intelligenz, obwohl die Kreativen wie auch die Intelligenten sich im Hinblick auf die jeweils andere Eigenschaft nicht besonders auszeichneten und zu den restlichen achtzig Prozent gehörten. Interessant ist, welches Maß an Aufregung diese nicht besonders überzeugende Untersuchung hervorrief.

Welche Einstufung Sie beim Kreativitätstest erreicht haben, erfahren Sie auf Seite 150.

SCHLÜSSEL ZU DEN PERSÖNLICHKEITSFAKTOREN 1 UND 2

Die ersten vier Tests haben eine hohe Korrelation mit allgemeiner Intelligenz. Diesen Zusammenhang sollten wir beachten, aber wir müssen auch anerkennen, dass es noch viele weitere wichtige Kriterien für die Klassifikation der Persönlichkeit gibt. Vielleicht sollte ich hier verdeutlichen, was ich mit Persönlichkeit meine. Jeder von uns hat ein anderes Verhaltensmuster, und dieses Verhaltensmuster ist bisweilen abhängig von Stimmungsschwankungen, es ändert sich bei Wutanfällen, Gelächter, Furcht oder Freude. Unter diesem wandelbaren emotionalen Muster können wir tiefer liegende Muster erkennen und beständigere Eigenschaften oder Tendenzen, die Menschen noch nach einer Reihe anderer Kriterien klassifizierbar machen.

Als die Möglichkeit, etwas so schwer Fassbares zu messen, erst einmal erkundet war und sich im Hinblick auf die Intelligenz auch als sinnvoll erwiesen hatte, begannen die Psychometriker mit der Untersuchung weiterer Persönlichkeitsfaktoren. Sie wollten herausfinden, in welchem Ausmaß sie denselben strengen statistischen Methoden standhalten würden. Ein breites Spektrum von Ausdrücken für die Beschreibung von Persönlichkeitsunterschieden hatte sich herausgebildet: phlegmatisch, feige, faul, engstirnig, melancholisch – es existieren Hunderte solcher Begriffe. Die Psychometriker sahen sich mit einer großen Anzahl unterschiedlicher Variablen konfrontiert, die als ausreichend bekannt galten, dem Anschein nach wirkliche Unterschiede widerspiegelten und die (wenn auch nicht leicht zu definierenden) echten Vorhersagewert zu haben schienen.

In der Hoffnung, die Dinge zu vereinfachen, was immer Aufgabe eines Wissenschaftlers ist, gingen sie von der Annahme aus, dass es möglicherweise nur relativ wenige unabhängige Parameter oder Dimensionen der Persönlichkeit gibt, von denen alle anderen Eigenschaften abzuleiten sind. Zur Überprüfung dieser These bedienten sie sich ihres Arsenals statistischer Methoden; sie wollten herausfinden, in welchem Ausmaß sich die verschiedenen Persönlichkeitsfaktoren aufeinander bezogen. Wenn es einen engen Zusammenhang gäbe, so wurde angenommen, müsse ihnen ein gemeinsamer Faktor zugrunde liegen. Die Testkonstrukteure stellten fest, dass diese Faktoren sich zu Clustern zusammenfassen ließen, zu Gruppen von miteinander verbundenen Merkmalen.

Die Auseinandersetzungen darüber sind noch immer nicht abgeschlossen. Auf der einen Seite steht Professor Eysenck mit der Auffassung, dass – außer der Intelligenz – zwei Hauptgruppen von Persönlichkeitsfaktoren für die meisten Unterschiede verantwortlich sind. Auf der anderen Seite ist Professor Raymond B. Cattell nach langer Forschung zu dem Schluss gekommen, dass es sechzehn relativ unabhängige Faktoren gibt, die eine vollständige Beschreibung der menschlichen Persönlichkeit ermöglichen. Daneben gibt es noch Johnsons Temperamentanalyse, Guilfords Arbeiten und viele andere mehr, und jede dieser Ansichten besitzt ihre eigene hieb- und stichfeste statistische Untermauerung, wenngleich sie auch untereinander nicht allzu viel Gemeinsamkeiten aufweisen.

Der Vorwurf, dass die unterschiedlichen Auffassungen, wie Persönlichkeit zu klassifizieren sei, sich gegenseitig ausschließen würden, ist als Kritik an den entsprechenden Tests nicht zulässig. Wenn der menschliche Verstand beginnt, sich mit bestimmten Phänomenen zu beschäftigen, muss er sie zuerst klassifizieren, um überhaupt mit ihnen umgehen zu können. Welche Gesetzmäßigkeiten sich herausbilden, hängt von dieser ursprünglichen Klassifizierung ab. Jeder Komplex von Gesetzen ist auf seinem Gebiet oder in seinem Bezugsrahmen gültig. Schließlich einigen sich die Wissenschaftler auf die nützlichste Art, Phänomene zu klassifizieren, und von da an blüht und gedeiht normalerweise die Wissenschaft. In den frühen und schwierigen Stadien einer Wissenschaft aber werden viele Klassifizierungsmethoden erprobt, bevor die wirksamste und im Hinblick auf Vorhersagen verlässlichste entdeckt wird. Die «Wahrheit» jeder einzelnen Klassifikation gleicht der «Wahrheit» eines jeden Gesetzes der Erkenntnis – sie ist Bestandteil der Wissenstheorie. Dies bedeutet einfach, dass die Antworten, die wir erhalten, von den Fragen abhängen, die wir stellen. Manche Fragen erweisen sich als nützlicher als andere, manche Fragen dagegen sind verdammt albern und führen unfehlbar zu verdammt albernen Antworten.

Bei seinen Versuchen, sich selbst zu vermessen, erforscht der Mensch das Komplizierteste, was nach seinem Wissen im Universum existiert. Kein Wunder, dass die Wissenschaft auf diesem Gebiet nicht so viel Fortschritte gemacht hat wie auf manchen anderen.

Der sinnvolle Einsatz von Menschen in der entwickelten Welt von heute und damit ihr Glück hängt wie gesagt davon ab, dass sie so genau wie möglich in bestimmte hoch spezialisierte gesellschaftliche Rollen passen, von denen es Tausende gibt. Wir können die Passenden nach der Methode Versuch und Irrtum auswählen und sie «auf Probe» in eine Rolle stecken, auf die Gefahr hin, völlig danebenzuliegen. Aber wenn wir klug sind, berücksichtigen wir die Entdeckungen der Psychometrie: Sie können uns helfen, dieser Aufgabe vernünftig, vorsichtig und ohne Vorurteile gerecht zu werden.

Für diesen Teil des Buchs habe ich nur zwei exemplarische Parameter für das Messen der Persönlichkeit ausgewählt. Beide Faktoren haben mit Intelligenz nichts zu tun. Die Faktoren sind Extraversion und Introversion (Persönlichkeitsfaktor 1) und emotionale Stabilität (Persönlichkeitsfaktor 2).

Persönlichkeitsfaktor 1 (Extraversion und Introversion)

Extravertiertheit und Introvertiertheit stellen Extreme dar, und die meisten Menschen liegen irgendwo dazwischen. Viele Menschen sind auch nicht immer gleich extra- oder introvertiert, sie werden bei manchen Gelegenheiten extravertierter sein und bei anderen weniger. Im Allgemeinen aber haben wir die Tendenz, ungefähr gleich zu bleiben, wobei auf lange Sicht betrachtet eine leichte Tendenz in Richtung Extraversion vorliegt.

Der Extravertierte geht aus sich heraus, er ist eine gesellige, freundliche und ungehemmte Person. Er/sie ist gern in Gesellschaft, fühlt sich in einem großen Kreis wohl und tendiert dazu, viele, aber relativ oberflächliche Beziehungen einzugehen. Er ist zuversichtlich, bestimmt und freundlich; der Extremfall ist der laute, joviale, schwatzhafte und stets sonnige Vertreter, der sich in einer Bar ganz wie zu Hause fühlt. Der extrem Introvertierte ist vielleicht Professor oder Buchhalter, er fühlt sich eher in seiner Studierstube zu Hause oder unternimmt lange einsame Spaziergänge mit seiner Pfeife, seinem Spazierstock und seinem Hund. Introvertierte neigen dazu, nur mit einem oder wenigen Menschen eine tiefe Bindung einzugehen, sie lieben Bücher, Schach und Nachdenken. Es sind diejenigen, die gern «unter sich» bleiben und sich leicht missbilligend über Nachbarn äußern, die ständig bei anderen Leuten herumhängen. Keiner der beiden Persönlichkeitstypen ist gut oder schlecht, wenngleich es vielleicht erstrebenswerter ist, irgendwo in der Mitte angesiedelt zu sein. Bei den extrem Extravertierten ist laut Eysenck, wenn ihnen emotionale Stabilität fehlt, die Wahrscheinlichkeit, kriminell zu werden, höher; aber natürlich sind viele Leute mit sehr hohen Ergebnissen auf der Extraversionsskala und nur niedrigen Werten bei der emotionalen Stabilität in jeder Hinsicht ehrliche und angesehene Bürger. Auch hier spreche ich nur von einer Tendenz und nicht von einem zwangsläufigen Zusammenhang.

Je häufiger Sie mit A geantwortet haben, desto introvertierter sind Sie. Bei etwa 15 As sind Sie ganz sicher und bei 20 sehr stark introvertiert. Bei 15 B-Antworten sind Sie extravertiert und bei 20 ein überschäumender Extravertierter wie ich (und ich wünsche Ihnen auch so viel Glück und Freude).

Persönlichkeitsfaktor 2 (Emotionale Stabilität)

Dieser Test ist «Neurotizismus-Test» genannt worden, taktvollerweise sollte man jedoch sagen, dass es hier um Stabilität versus emotionale Empfindsamkeit geht. Ihre Antworten erlauben eine Aussage darüber, ob Sie für Gefühle leicht ansprechbar oder unzugänglich sind. *Wer etwa 20-mal mit B geantwortet hat, ist in hohem Maße unerschütterlich;* diese Menschen scheinen nie aus der Fassung zu geraten, sie bleiben immer ausgeglichen und gleichmütig und gehen wahrscheinlich durchs Leben, ohne zwischen himmelhoch jauchzend oder zu Tode betrübt hin und her gerissen zu sein wie die sensibleren Mitmenschen. *Wenn Sie mehr als 20-mal mit A geantwortet haben, sind Sie gefühlsbetont und beeinflussbar,* Sie empfinden die seelischen Belastungen des Lebens vermutlich stärker als die meisten anderen Menschen, Sie brauchen viel Ruhe und eine Arbeit, Freunde und Hobbys, die Ihnen eine stabile Lebensgrundlage bieten. Andererseits sollten diejenigen, die ungefähr auf 22 B-Antworten kommen, sich vielleicht fragen, ob sie nicht ein bisschen zu phlegmatisch sind, und vielleicht versuchen, ihr Leben so einzurichten, dass ihre Gleichmütigkeit oder gar Gleichgültigkeit auch einmal herausgefordert wird.

Professor Eysenck zeigt, dass diese beiden Faktoren mit dem gesamten Spektrum von Aristoteles' Charaktertypen übereinstimmen. Cholerisch meint extravertiert und instabil, melancholisch meint introvertiert und instabil, phlegmatisch meint introvertiert und stabil und sanguinisch extravertiert und stabil.

NACHWORT ZU KREATIVITÄT UND PERSÖNLICHKEITSFAKTOREN

Wenn Sie nun diesen Teil des Buchs abgeschlossen haben, können Sie sich selbst einer Gruppe zuordnen, vielleicht als «unbedarft-melancholisch oder helle-phlegmatisch, als begriffsstutziger Sanguiniker, hoch intelligenter Choleriker» oder wie auch immer. Möglicherweise wissen Sie nun ein bisschen mehr über sich selbst und können Ihr Verhalten besser einstellen auf all die anderen dümmlichen Introvertierten, unterbelichteten Extravertierten und melancholischen Genies um Sie herum. Selbst wenn Ihnen dies nicht gelingt, hoffe ich, dass ich Ihnen eine genauere Vorstellung von Intelligenz- und Persönlichkeitstests vermittelt habe und warum solche Tests in der modernen Welt wichtiger sind als je zuvor.

Manchmal denke ich über den Prozess nach, den man Erziehung nennt. Wir alle setzen unsere Kinder von Geburt an unter Druck, sie sollen mithalten in dem qualvollen Konkurrenzkampf um eine «gute Ausbildung», der ihre gesamte Kindheit und einen großen Teil ihrer Jugend beansprucht (wobei ich fürchte, dass in den meisten Fällen wohl nur um akademische Qualifikationen gerauft wird – um den Preis wirklicher Bildung). Ist dies wirklich der beste Weg? Deuten die Psychometriker zu Recht an, dass wir bereits vorher, bevor wir diesen Prozess überhaupt beginnen, viel über seinen Ausgang wissen können? Dass wir jedem Kind die für es wie auch für die Gesellschaft beste pädagogische und emotionale Förderung zukommen lassen können? Wir wissen heute noch nicht genug darüber, aber es gibt kaum ein Thema, das von größerer Wichtigkeit wäre. Und doch sind die Ausgaben für psychologische Forschung dieser Art erbärmlich gering. Gibt es etwas Wichtigeres als das Wissen, wie Menschen gerecht, angemessen und nach ihren Fähigkeiten beurteilt und eingesetzt werden können? Aber geht man danach, wofür in England Geld ausgegeben wird, dann gibt es offenbar nichts Wichtigeres als luxuriöse Automobile. Die Menschen in diesem Land werden sich also auch in

Zukunft mit den althergebrachten Selektionsmethoden abfinden müssen: soziale Schicht, Privilegien, Rassendiskriminierung, Macht, das Netz der «Ehemaligen» und andere traditionelle, aber uneffektive und ungerechte Mittel.

«Soll schon früh ein ‹Urteil› über unsere Kinder verhängt werden?» – «Gleiche Chancen für alle!» Dies sind die Reaktionen, die ich bekommen werde. Die traurige, aber unvermeidliche Wahrheit ist, dass nicht jeder die gleiche Chance besitzt, Professor, Balletttänzer oder Olympiasieger im Marathonlauf zu werden. Warum sollen wir also zulassen, dass so vielen jungen Menschen das Herz gebrochen wird, weil sie etwas anstreben, das sie nie erreichen können, wenn wir doch das Mittel haben – oder haben könnten –, sie im Voraus wissen zu lassen, wie groß ihre Chancen sind?

Das bedeutet nicht notwendigerweise, jemanden in die niedrigeren akademischen Ränge zu «verdammen», wenn er wirklich entschlossen ist, in die höheren aufzusteigen. Das System muss durchlässig sein. Es muss Schlupflöcher geben für die, die sich der Diagnose widersetzen. Die meisten Menschen würden jedoch lieber *wissen,* wie ihre Chancen stehen, bevor sie irgendetwas in Angriff nehmen. Die Argumente dafür, warum man es besser nicht wissen sollte, um es dann auf die harte Tour herauszufinden, sind äußerst dünn und schwach. Man nimmt Menschen nicht die Freiheit, wenn man ihnen das Wissen gibt, aufgrund dessen sie ihre Entscheidungen treffen können. Aber man nimmt Menschen die Freiheit, wenn man ihnen das Wissen vorenthält, das sie leiten kann, die richtigen Entscheidungen zu treffen, nach Glück zu streben, sich ihren Fähigkeiten anzupassen und den besten und nützlichsten Platz zu finden, um der Menschheit mit den besonderen Eigenschaften zu dienen, mit denen sie geboren wurden oder die sie aufgrund ihrer Neigung entwickelt haben. «Jedem nach seinem Bedürfnis und jeder nach seinen Fähigkeiten.» Letzteres ist ebenso wichtig wie das Erste. Es geht mir nicht um die Rechte und die Privilegien der Intelligenten. Ich fürchte, sie können in dieser Hinsicht nur allzu gut auf sich selbst aufpassen. Ich sorge mich um Pflichten, die Verantwortung und den Beitrag dieser Menschen in einer Welt, die mit zunehmender Entwicklung immer mehr intelligente Menschen braucht.

Sprachtest A

Punktzahl	Quotient
0– 5	85– 95
6–12	96–105
13–18	106–112
19–25	113–118
26–30	119–122
31–35	123–128
36–40	129–131
41–45	132–137
46–49	138–140+

Ein Ergebnis von etwa 40 Punkten in diesem Test ist Indikator dafür, dass der Proband gute Chancen hätte, nach weiteren gründlichen Tests Mitglied von MENSA zu werden.

Sprachtest B

Punktzahl	Quotient
0– 5	85– 95
6–10	96–105
11–15	106–112
16–20	113–118
21–25	119–122
26–30	123–128
31–35	129–131
36–38	132–137
39–45	138–140+

Ein Ergebnis von etwa 35 Punkten in diesem Test ist ein Indikator dafür, dass der Proband gute Chancen hätte, nach weiteren gründlichen Tests Mitglied von MENSA zu werden.

Zahlentest A

Punktzahl	Quotient
0– 5	85– 92
6–10	93– 97
11–15	98–102
16–20	103–107
21–25	108–112
26–30	113–117
31–35	118–122
36–40	123–127
41–45	128–132
46–50	133–137+

Zahlentest B

Punktzahl	Quotient
0– 5	85– 97
6–10	98–102
11–15	103–107
16–20	108–112
21–25	113–117
26–30	118–122
31–35	123–127
36–40	128–132
41–45	133–137
46–50	138–140+

Figurentests A und B

Punktzahl	Quotient
0– 5	85– 95
6–10	96–105
11–15	106–110
16–20	111–114
21–25	115–119
26–30	120–124
31–35	125–129
36–40	130–134
41–45	135–138
46–50	139–140+

LÄSTIGE VERGLEICHE: DIE INTERPRETATION IHRER ERGEBNISSE

Dieser Intelligenztest besteht aus einer Batterie von drei Tests. Sie testen spezielle Fähigkeiten, die einen Hinweis auf Ihre allgemeine Fähigkeit erlauben. Diese Faktoren versuchen wir zu messen.

Für jede richtig beantwortete Frage bekommen Sie einen Punkt. Strafpunkte für falsche Antworten gibt es nicht.

Die Anzahl der Punkte ergibt zunächst einen «Rohwert». Von diesem Wert können wir den «Quotienten» ableiten.

Der Intelligenzquotient oder der IQ ist ein Verwirrung stiftender technischer Begriff, der nie in den allgemeinen Sprachgebrauch hätte übergehen sollen. Im strengen Sinn lässt er sich nur auf Kinder anwenden und nur durch Extrapolation auf Erwachsene übertragen. Der IQ ist das mit 100 multiplizierte Intelligenzalter, geteilt durch das tatsächliche Alter. Wenn ein Kind mit zehn Jahren so gute Leistungen zeigt wie das durchschnittlich begabte Kind mit fünfzehn Jahren, beträgt sein IQ

$$\frac{15 \times 100}{10} = 150$$

Der durchschnittliche IQ beträgt (deshalb natürlich) 100.

Leider kommen Psychologen mit Binets ursprünglichem Schema zu unterschiedlichen Ergebnissen, sodass die Höhe des IQ in verschiedenen Tests unterschiedliche Bedeutung hat, entsprechend der Standardabweichung.

Bei der Feststellung des IQ ist daher die prozentuale Bewertung vorzuziehen. Ihr prozentuales Ergebnis ist der Prozentsatz der allgemeinen Population (für die der Test standardisiert wurde), der das gleiche oder ein besseres Ergebnis erreicht. Wenn Sie im Sprachtest A vierzig Punkte erzielen, beträgt Ihr IQ 131, und Sie fallen in das 98. Zentil; das heißt, Sie schneiden besser oder genauso gut ab wie 98 % der Gesamtbevölkerung, und nur 2 % sind intelligenter als Sie.

Die Ergebnisse der Sprachtests sind im Hinblick auf den allgemeinen Intelligenzfaktor aussagefähiger (sie haben eine höhere «g»-Ladung), und wir tragen dem Rechnung, indem wir sie mit drei multiplizieren.

Dann addieren Sie die Endsumme der Quotienten aus den Zahlentests und der Raum- und Figurentests zu dem Produkt des mit drei malgenommenen Quotienten der Sprachtests hinzu und teilen die Summe durch zehn. Damit erhalten Sie zumindest einen Näherungswert an Ihren IQ.

SO KÖNNEN SIE IHREN IQ AUS IHRER PUNKTZAHL ERMITTELN

	Punktzahl	Quotient
Zahlentest A		
Zahlentest B		
Figurentest A		
Figurentest B		
	Endsumme	

	Punktzahl	Quotient
Sprachtest A		
Sprachtest B		
	Endsumme	

Multiplizieren Sie das Endergebnis der Sprachtests mit 3

Endsumme

Addieren Sie das Endergebnis der Zahlen- und der Figurentests

Endsumme

IQ = Endsumme geteilt durch 10

Ihr IQ

IHRE KREATIVITÄT: ERGEBNISSE DES FÜNF-MINUTEN-KREATIVITÄTSTESTS

Zahl der beendeten, originellen, nicht wiederholten Zeichnungen:	
1	Nicht kreativ
2	
3	
4	
5	
6	
7/8	Durchschnitt
9	
10	
11	
12	
13	
14	
15	Sehr kreativ

ERGEBNISSE DES TESTS ZU PERSÖNLICHKEITSFAKTOR 1 (INTROVERSION/EXTRAVERSION)

Anzahl der A-Antworten	Charakter
20	Äußerst introvertiert
19	Sehr introvertiert
18	Ziemlich introvertiert
16/17	Etwas introvertiert
14/15	Leicht introvertiert
12/13	Nur ein Hauch introvertiert
9/10/11	Durchschnitt
7/8	Nur ein Hauch extravertiert
5/6	Leicht extravertiert
3/4	Etwas extravertiert
2	Ziemlich extravertiert
1	Sehr extravertiert
0	Äußerst extravertiert

ERGEBNISSE DES TESTS ZU PERSÖNLICHKEITSFAKTOR 2 (EMOTIONALE STABILITÄT)

Anzahl der B-Antworten	Charakter
30/29	Unerschütterlich
28/27	Gleichmütig
26/25	Gelassen
24/23	Ruhig
22/21	Ausgeglichen
20/19/18	Beständig
17/16/15/14	Durchschnitt
13/12/11	Einfühlsam
10/9	Beeinflussbar
8/7	Emotional
6/5	Sensibel
4/3	Überempfindlich
2/1	Reizbar
0	Neurotisch

Wie haben Sie abgeschnitten? Sie haben es geschafft! Nein!

Auf Wiedersehen, Sie intelligente, kreative, ausgeglichene, teils intro- und teils extravertierte Person! Wenn Sie auch noch gut aussehen, charmant sind und ein Draufgänger – man wird Sie hassen!